編著
李定汝，林凌一

不用修仙，也能魅力無邊

魅力告急！

從內在涵養到外在儀態，
讓自信常伴你左右，散發於舉手投足之間

目錄

目錄

第五章　誰不喜歡幽默的人呢

第六章 百分百辦事高手

第七章 高尚的品格是魅力之本

第八章 仁愛為先，寬容為懷

目錄

第十章　舉止得體，風度翩翩

目錄

前言

魅力所具有的力量，是因為魅力有非常的親和力與感召力。

魅力來自於別人對你的看法。別人透過你的外在表現（包括你的行動、語言及思想等）對你產生喜歡的感情，就是你的魅力。有超強魅力的人，身上散發出一種特殊的能量，感染他人、吸引他人，使別人都願意追隨他、幫助他。這種人在無形之中，已經建立起自己的競爭優勢。

一個人的魅力，表現在品格、個性、能力以及儀表這四個方面。

個性有很多種，究竟哪一種個性更具有魅力？心理學專家認為其答案是：「令人愉悅的個性」。要想擁有令人愉悅的個性，至少應使自己做一個樂觀、幽默、自信、堅強的人，否則你的個性魅力將大打折扣。另外，一個人的個性塑造，需要一點一滴、持之以恆從小事做起。

與智慧超群的天才相比，品格高尚的人更具有凝聚他人、感染他人的魅力。前者靠的是發達的大腦，後者靠的是高尚的靈魂。具有高尚靈魂的人，在他們的言行，甚至是動作中，都散發著正直、真誠、誠信、負責、寬容、謙遜、淡泊等品德，得到他人的尊敬及信賴。因此，在進行魅力塑身計畫時，千萬不可忽略高尚品格的修練。

前言

在這個「八仙過海，各顯其能」的經濟時代，誰不想成為一個人見人愛的魅力人？但魅力並不是從天而降，它需要有心人的努力追求。學習、理解與運用提升魅力的方法與技巧，你將會發現越來越多的人願意聚集在你的周圍，願意與你相處。這筆「魅力財富」，將使你一生受用，好處無窮。

第一章　魅力是一個人最好的飾品

魅力，一個充滿神祕誘惑的形容詞。它一旦附著在你身上，就會令你的一言一行時刻牽動著周圍人的目光，會使人覺得與你相處是一種難以抗拒的舒心享受。

魅力是一個人身上最好的飾品。魅力四射的人，不一定貌美如花，也不一定衣著名貴，但一定有一種閃亮的自信和良好的修養，讓人痴迷、傾慕。是的，美麗不等同於魅力，魅力是人和事物具有的能影響或吸引人注意的力量。而人的魅力就是人特有的引人注目的良好形象和高雅氣質的綜合體，是影響改變別人心理、態度與行為的能力。

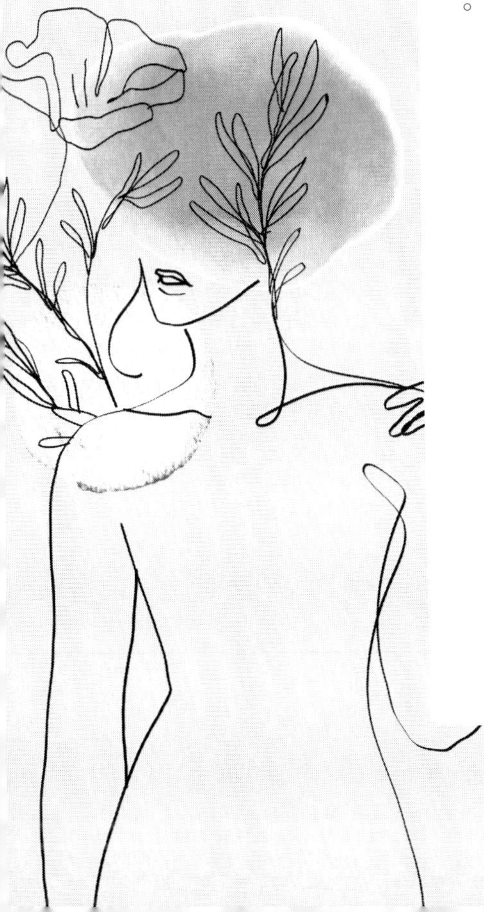

「從我們心中奪走對美的愛，也就奪走了生活全部魅力。」——尚-雅克．盧梭（Jean-Jacques Rousseau）

「美麗使你引起別人的注意，睿智使你得到別人的賞識，而魅力，卻使你難以被人忘懷。」——蘇菲亞．羅蘭（Sophia Loren）

「美若失去魅力，就只是無鉤的誘餌。」——卡皮托（Gaius Ateius Capito）

「魅力如同女人身上的開出的一種花朵。有了它你無須再有其他東西；缺少它，你就是東西再多也聊同於無。」——詹姆斯．馬修．巴利爵士（Sir James Matthew Barrie, 1st Baronet）

魅力與氣質如影相隨

魅力是一種威力巨大的影響力。當你在一個富有魅力人的面前時，你會被他所感染。他的一顰一笑，一舉一動，你幾乎無法拒絕他的任何要求（有時甚至不管這些要求是否合理）。有魅力的人，所向披靡。魅力就如魔力一樣，能讓人心想事成，因此誰都希望自己的魅力多一點、再多一點。那麼，「魅力」究竟是由什麼組成呢？

淺層次的魅力，著重於個人形象。良好的形象是美麗生活的代言人，是走向人生更高階梯的扶手，是進入成功殿堂的敲門磚。保持良好的形象，既是尊重自己，更是尊重別人，良好的形象是成功人生的資本。好形象不僅是外表的美麗，更重要的是內在修養。

寶石拋光後更加奪目，這是因為它本身的質地作保障。只有心靈美才是真正的美，才是永久的美，才能使你的個人形象散發出真正迷人的魅力。一個嫵媚動人的美女，能夠使得無數男人神魂顛倒，其魅力可謂大矣。可是，當人們發現這個女人既貪婪又邪惡時，她的「魅力」就會頓時雲消霧散，無影無蹤，這就是「魅力」。

氣質是魅力的源泉，要想永保魅力，就必須有美的氣質。從美學的角度來看，氣質指的是一個人特有的相對穩定的風格、風度及風貌，是由人所處的環境及其心理因素決定的。然而每個人都有自己的審美觀點，你有你的看法，我有我的眼光。氣質可謂是仁者見仁，智者見智，無法統一，彷彿是一個謎，但氣質美的人一定有魅力，一定是生活和工作中的強者。

氣質是以人的文明程度、思想品格為基礎的，同時還要看他對待生活的態度。一個懷有遠大理想和高雅氣質的人自然也是一個謙虛樸實的人，知榮明恥，表現為誠實守信、勇於進取；在現實面前，能把自己的願望和事業結合起來，認真去實踐，並在實踐中得到充實，精神振奮，神采飛揚，給人以真誠，生氣勃勃的感覺；在遇到困難挫折時，總是孜孜不倦，鍥而不捨，給人以自強不息的感覺；在生活中永遠展露迷人的微

笑，笑對人生、笑對挫折，用你的熱情和友愛去感染身邊的每一個人，也感染你自己，用你自然的微笑去拋灑愛的雨露，去化解人間隔閡，消除心理的障礙，在和睦與和諧的人際關係中你會感覺到天空分外藍，生活無限好，而你的魅力便會悄然綻放。可以說氣質影響著情感，反過來情感又滋潤著氣質。

魅力更是一種自然流露的內在氣質，是自信的表現，是智慧的滲透，是修養的結晶。人的魅力不僅來自美的外貌形象，而且主要來自人的內在高雅氣質。漂亮的外貌，自然值得慶幸，但並不代表永遠有魅力，因為人的相貌是天生的，會被流逝的歲月奪去光彩，但是氣質卻會隨著自身修養的完善和自我價值的豐富，如同陳年佳釀一般，永遠散發著迷人的幽香，永遠陪伴著你走進文明，走進成功。

人們的魅力修練

談到魅力，以往人們常常會聯想到美貌、青春等這些外表印象。而如今，「魅力」的概念早已變得不那麼單一、直觀了。魅力不再僅僅針對外在容貌而言，更含有生活態度、為人處世、個性品味等方面的成分。不妨讓我們來看看以下一些從日常生活中總結出來的添魅力妙招。

．**神態自然豐富**：在人與人的互相溝通中，表情是最有品質的交流，也是心有靈犀的交流境界。日常神態表情的單調、固定化，易帶給人呆板無趣之感。讓表情自然生動的流露你對生活每時每刻的感受吧，即使你相貌平平，也會由此而顯得感性率真、靈秀可愛，從而充滿吸引力。

．**適度保持自我**：有時候，過於遷就、盲從大流、無主見的性格反而會遭致人反感或讓人忽略，感覺不到你的存在。即使在公眾場合，適度的保持自我也是應該的。不妨想說就說，想笑就笑，想穿牛仔褲就不要難為自己老扮紳士淑女。但是切忌聲音尖厲、粗俗，也不要走極端，以為與周圍環境反差越大就越能突出自我。

．**談吐風趣幽默**：風趣的談吐是人們的處世法寶，也是重要的魅力元素。偶爾開一些無傷大雅的小玩笑，或侃些調皮的小笑話、恰到好處的正話反說、適當的自嘲一下，令人樂不可支的同時，也使你充滿情趣的形象更深入人心。如果你天生缺乏幽默細胞，那麼也不要緊，多翻翻書，特別是漫畫書，看看或聽聽電視、電臺裡的智力遊戲節目，有意無意的儲備這類知識，詼諧的靈感便會適時的在你頭腦裡冒出來。

．**儀態挺拔優雅**：同樣坐或立，有人顯得平淡無神，而有人就傳遞出一種清新的氣息，讓人看著舒服。正確的坐姿應緊縮小腹，放鬆肌肉，輕輕舒緩肌肉，讓它在全

然輕盈的狀態之中呈現出最好的效果。正確的站姿是：胸部擴張，背脊伸直、下巴收縮、收小腰、雙腿內側使力，腳後跟併攏，膝蓋打直，肩膀自然下垂，不需使力。這樣人看上去才會覺得挺拔、優雅。

男人魅力何來

沒有魅力的男人，就像一杯白開水，只在女人們渴得難以忍受才會去喝，即使喝了仍會索然寡味的說：要是有點別的什麼就好了。所以很明顯，男人都想有魅力。

從生理角度說，你生下來是男人，基本上終生就是男人了。從心理角度說，大致要到二、三十歲才有可能被認為是個男人，在這之前充其量也就是個男孩。如何從一個可愛的男孩，「進化」成一個有魅力的男人？

相對於女人來說，男人對外在美的表現方式通常是隨意的。就像你在街上常見的男人。他們穿的最多的是休閒裝，擦肩而過時，平淡得會令你毫無知覺。但如果你熟悉他、了解他，你一定會知道男人的魅力是「由內而外」的。詩人說，如果音樂是愛情的食糧，我會一直演奏下去。對生活中某一美好事物的迷戀，會使人的內心變得無比充實，心中無根如浮萍的男人，內心一定是空虛的。一個出色的男人，內心會時時湧動著

男人魅力何來

對生活的熱情，適時展現自己的才華。他這份對生活的熱愛，也是男人的魅力所在。

男人就要有個男人的樣子。像個男人有很多標準，其中精神飽滿、生氣勃勃是要點之一。沒有人喜歡那些溫溫吞吞、提不起精神的人，不管你是出於何種原因。沒有一個女孩會喜歡上一個整天提不起精神的男人，沒有哪一個老闆願意提拔一個精神萎靡不振、牢騷滿腹的員工。不但在工作中要朝氣蓬勃，在生活中也要有聲有色。閒時多參加一些運動與活動，展示出自己的陽光與朝氣。年輕的男人是一隻強壯的老虎，當虎虎生威。

男人就一定要是鋼嗎？是，也不是。外表溫文爾雅，並不代表性格上的軟弱無力；外表粗獷硬朗，內心並非沒有柔情似水。男人之美，不是發達的肌肉，不是俊朗的外表，它表現在積極面對困境，真誠面對親情。出色的男人懂得掌握剛與柔的尺度。

內心的豐盛很重要，不過現實有時很殘酷，男人一旦窮困潦倒、捉襟見肘，就難免有看別人臉色行事的「窩囊」時候，再大的魅力也無從展現。換而言之，男人的魅力是如賺錢一樣辛辛苦苦掙來的。因此，作為年輕男人，你至少要有一份安身立命的工作。然後，以這份工作為起點，為自己謀求更大的發展。

當然，作為初涉社會的年輕人，要一下子擁有一份好的工作或輝煌的事業，是不現實的。這個時候，男人的魅力在於不怨天尤人，不破罐破摔，「心繫一處、守口如瓶」的跋涉在人生的路上。

修練魅力打造女性

舊戲中的女性形象都是嬌嬌的，是因為那個時代的女人沒有社會地位、經濟地位，只能依附男人，所以撒嬌就成了邀寵的重要手段。既然女人是男人的附屬品，男人也就需要她們的奉承，喜歡看她們的種種小把戲。而現在的女性完全沒必要承襲這種悲哀的陋習。如果是閨房之樂，那另當別論。在大庭廣眾之下過分作態有損自尊，也易令男人產生非分之想。有品味的男人還是喜歡儀態萬芳，談吐高雅的女人，無論做同事、做朋友、做妻子當然是「帶得出去」的女人最可心。

男人喜歡有頭腦但不倡狂的女人。男人希望女人不時閃出智慧的火花，但不願聽任她們的頤指氣使。武則天、慈禧不能不說是很有頭腦的政治家，可她們卻很難得到現代男人的認同，歷史上也是貶多於褒。為什麼？那是因為男人們即怕她們手中的權力，更怕權力落入這等女人之手。可談起聖女貞德、南丁格爾，男人們的目光立即變得溫和起來，他們會使用美好的詞句來歌頌她們，因為她們才是男人眼中陰陽和諧、剛柔並蓄的完美女性。

有自信的女人，不會整天張狂霸氣，高呼女權至上。超越男人的方法，不是把他們壓迫在自己的霸權之下，而是活得跟他們一樣的舒展、自信；也不是整天要向男人發出戰書，或者擺出一副「皇帝輪流坐，今年到我家」的進攻態度。和諧、平等和互助的兩性關係，才是社會進步的動力。

女性的性格猶如銅錢，外圓內方，在柔情似水的外表下，跳動著一顆堅強的心。她已經脫離了狂熱女性主義者的幼稚，從不擺出一副百毒不侵的女強人的面孔，以為這樣就是堅強。她深深懂得，刻意追求的強悍，與女人真正的內心世界反差太大，是毫無韌性的堅硬。因此，她用最溫柔的行為出擊，爭取最合理的待遇與最合適的位置。而且，她從不象工作狂那樣拋棄男人與愛情，她理性的去愛，不依賴愛情，卻充分享受它帶來的甜美；不控制情感，卻把它向美好的目的地引導。男人親近她，卻從不敢輕侮她。

女性有完整獨立的人格。在經濟上，她不依附任何人，因為她懂得堅實的經濟基礎，是維護自我尊嚴的必需。透過經濟的獨立，她享受著成就的滿足感。在精神境界，她不是某個男人的附屬品，懂得透過交友、讀書、娛樂，充實自己的內心。所以，即使沒有愛情的滋潤，仍然活得自在而遼闊。她不為不愛自己的男人流淚，也不會因為男人的承諾而用一生去等候。她，只相信自己，不用依賴也能活得很好。

女性遇事冷靜，臨危不亂。她不願意因為女人的特殊身分而享有特權：遇到危情，嚇得臉色蒼白，痛哭流涕，往男人的肩膀下鑽，用眼淚作為捍衛自己的武器。她獨立，有頭腦，有能耐，可以用智慧，用個性魅力征服危難。更難得的是，她懂得在什麼時候

安慰男人，並且把男人的自尊照顧得很好，贏得他真心的喜愛。身處日新月異的科技世界，不進則退。女性明白這點，所以她們不斷自我充實，提升自我的知識和技能。她也許沒有天生的優勢，但絕對相信後天的創造。她比男人更加努力進取，不是對自己沒信心，而是比男人更有雄心。

女性是走鋼絲的能手，在家庭和事業之間求得平衡。眼見險象環生，忽然來個漂亮翻身，又是一副悠然美態。她不是一個一成不變的角色，她流動在職業女性與賢妻良母之間，什麼場次，什麼角色，毫不含糊。

女人的美麗不一定天生麗質，但肯定知道如何裝扮自己。讓每一天的心情跟著衣妝一起亮麗起來。女性美麗著，不為取悅男人，不是虛榮的表現，是女人熱愛生活與維護自尊的表達。

第二章　人不自信不風流

一個充滿自信的人，他的面部表情、待人接物、言談舉止都包含著一種積極的內涵，使他在舉首投足之間都洋溢著吸引人的魅力。人們往往願意和他們相處，並能感受到全身上下有一股活潑向上的力量。同時，充滿自信的人，情緒也表現得相當穩定，即使在困境中，仍能保持高昂的狀態，在順境中更能一往無前。

「社交場上的信心比機智更加重要。」——法蘭索瓦．德．拉羅希福可（François de La Rochefoucauld）

「只有滿懷自信的人，能在任何地方都懷有自信，沉浸在生活中，並認識自己的意志。」——馬克西姆．高爾基（Максим Горький）

自信改變他人的看法

一個充滿自信心的人不僅會在事業上不斷進取，取得成功，而且能在性格上重塑自我，增添個性的魅力，去爭取並獲得友誼與愛情。

在英國的文學名著《簡．愛》中，財大氣粗、性格孤僻的莊園主羅徹斯特對著地位低下而又其貌不揚的家庭女教師簡．愛吼叫「我有權蔑視你」的時候，歷經磨難的簡．愛，用鎮定的語氣及充滿超人的自信和自尊的神態反擊他：「你以為我窮，不好看，就沒有感情嗎？……我們的精神是平等的，就如同你和我將經過墳墓，同樣的站在上帝面前一樣。」正是這種自尊自信的個性魅力，使她獲得了羅徹斯特由衷的敬佩和深深的愛戀。

拳王阿里（Muhammad Hadj Cassius Marcellus Clay Jr. Ali）是黑人，當年飽受種族歧視的屈辱。他在每次比賽前都喜歡做詩，以鼓勵自己，表達自己的必勝的信心，所以阿里還得了個「牛皮詩大王」的綽號。他經常朗讀的詩句是：

自信改變他人的看法

最偉大的拳王，
二十年前便已露鋒芒。
我美麗得像一幅圖畫，
能把任何人打垮。
他預告哪個回合取勝，
就像這是必然的事情。
他把敵人玩弄於掌中，
迅如雷，疾如風。

拳王阿里的自信，使許多對黑人抱有成見的白人逐漸喜歡上了他，並因此逐漸改變了白人對黑人的歧視與仇視——當然，改變種族歧視的功勞並不能完全記在阿里身上，雖然他做了很大的貢獻。現在，阿里已經離開拳壇很久了，但在世界的任何一個角落，人們可能不知道外國總統是誰，但大都知道拳王阿里，並迷醉於阿里為拳擊這個最激烈的體育運動項目所帶來的美妙與風度。

增強自信心的方法

要想增強自己的自信心，可以透過以下五個方法。

第一，擁有成功的經歷，是形成自信心最重要的條件。任何一個人，或多或少總有過讓自己自豪及成功的經歷，要善於從自己的成功中總結一些規律性的東西。研究證明：一個人內在的動力、抱負的層次與其成功的經歷是密切相連的。成功的經歷越豐富、越深刻，他的期望就越高，抱負也就越大，自信心也就越強。而對於缺乏自信心的人來說，最重要的是尋求成功的機會，並確保首次努力獲得成功。

第二，客觀正確的期望與評價，會形成一股強大的動力，加強人們的自信心。當期望較高的評價來自自己所喜歡或所崇敬的人時，一個人的自信心會上升到極大值。在這種情況下，一個心理成熟的人就會冷靜的分析人們對自己的期望和評價是否有根據，是否客觀合理，否則，就很容易出現盲目樂觀的情緒，因為自信心和盲目性只有一步之差。

第三，正確的進行自我批評，有利於自信心的培養。每個人都會在自己前進的道路上設立一個又一個目標，近期目標的後面還會出現一個遠期目標，每一個目標的設立都應建立在正確的自我評價基礎之上。每個人都有自己的長處，也都有自己的缺點，倘若你既能正確對待自己的長處，又能認清自己的不足，揚長避短，目標就會實現，自信心的培養也就進入良性循環。

第四，重視榜樣的作用。一個人不管是自覺的還是不自覺，事實上都在受周圍人們的影響。為了充實自信心，你不妨在所熟悉的人中，找尋一個值得自己學習、仿效的榜樣，設法趕上並超過他。

第五，用自我暗示增強自信。就像風一樣，可以將一艘船吹向這邊，也可以將另一艘船吹向那邊；自我暗示既能讓你成功，也會使你失敗，就要看你怎樣揚起這「自信之帆」。任何人只要懂得自我暗示的積極力量，就可獲得自己想像中的最高成就。

展示自信的技巧

讓自信伴隨你生活的左右，充滿於你的舉手投足之間。生活中常常會遇到一些挫折和風險，而人性中普遍存在著冒險的「動力本能」，在它正常發揮時，它能驅使我們充分信賴自己，並利用各種機會發揮我們自己的潛力。有自信的人在行動時總能把潛能充分發揮出來；而那些害怕失敗的人，總是面對自身的弱點而無法自拔。如果你認同自己，想發揮自己的聰明智慧，別人也會用同樣的態度對待你。下面有幾個小技巧，如果試著多加練習，就可以幫你展現自信。

- **想像自己是完美的化身**：這是許多影星、名模表演之前用於提高自信的有效辦法，這同樣也適合每一個人。在你每做一件事情前，可以先從心中默想曾經有過的成功經驗，以及令人愉悅的感受，想像愈具體效果愈好。
- **以成功者的姿態走入每間屋子**：走路的姿態和神情常會在不經意中洩露你的祕密。昂首挺胸，目光堅定，彷彿一切都在你的掌握中，你就會有一種自信的感覺，彷彿你已經擁有了整個空間。
- **仿效自己心目中的明星**：模仿並學習你所仰慕的人具有的美好特質。
- **用得體的舉止展現自我**：選擇適合自己氣質或職業的服裝、髮型，展現完美的形象。
- **說話口氣應堅定**：說話不宜過於急促或細聲細氣，說話時語調應平穩，不緩不急，音量適當，這能顯示出你對所說的內容信心十足。利用呼吸換氣時斷句，可以避免許多不必要的「嗯」、「啊」等贅字，顯得流暢有條理。
- **大方接受讚美**：很多人都有自我貶抑的傾向，總是習慣性將別人的讚美向外推拒，似乎這樣才是一種謙虛的態度。但是如此一來，很容易將自己由主動參與轉換成被動接受，其實是很不明智的。如果有人稱讚你，儘管用「謝謝」兩字大方接受讚美，這樣可以提升你的自信。

．「**走錯一步**」比「**原地不動**」好：任何人在行動時都有可能犯錯誤，但如果有把握之後再去行動，那就可能什麼事情都幹不成。如果想得到自己想要的東西，就要去行動，有時候可能還要受一些痛苦與挫折，但絕不要自輕自賤。事實上，有許多潛在的男女英雄，一生中都是在對自我的不信任中度過的，如果他們知道自己潛在的能量，那將有助於他們產生解決問題甚至克服巨大危機的自信心。記住你有這種能量，但若不付諸行動，這種潛在的能量即使再巨大，你也不會發現它。

把自卑踩在腳下

自卑的人總是用放大鏡在自己身上找缺點與缺陷：我身材矮，我禿頂，我……

一位自信的青年這樣評價自己：「嗯！從身材上看，我是矮小的，但拿破崙、維克多．雨果二位也是如此。我的前額不寬，天庭也不飽滿，可蘇格拉底（Socrates）和史賓諾莎（Benedictus de Spinoza）不也和我一樣嗎？我雖然是禿頂，這並不寒磣，因為大名鼎鼎的莎士比亞也是這樣。我的鷹鼻彎長，如同伏爾泰（Voltaire）和喬治．華盛頓（George Washington）；我的雙眼凹陷，哲人尼采（Friedrich Wilhelm Nietzsche）與我為伴；我那肥厚嘴唇足以同路易十四媲美，我粗壯的頸脖與漢尼拔並肩。」

他也許還會繼續想：我的耳朵招風，大過賽凡提斯（Miguel de Cervantes Saavedra）的耳朵；我的顴骨隆起，面頰凹陷，可林肯也是這般模樣；我的雙肩一高一低，可以在甘必大（Léon Gambetta）那裡找到淵源；我的手指粗短，手掌肥厚，我與大天文學家愛丁頓（Arthur Stanley Eddington）不分軒輊；更奇怪的是我與巴爾札克（Honoré de Balzac）一樣，閱讀寫作時，咖啡壺一定要放在身旁；我願與粗俗的民眾交談，同托爾斯泰一般。

也許這就是真實的自我，有真實，所以我存在。我擁有迄今為止人類歷史上偉人們的種種特點，一位擁有這麼多偉大品格的青年是一定能幹一番石破天驚的事業的。

我把偉人的思想，植根於我心靈深處，並激勵我開始從事自己的偉大工作；我雖然不知道我會以什麼樣的行動開始，不過一個能兼備在白晝的勞作和夜晚的幻夢中所形成的神祕自我和真實本性的人，無疑是可以開拓出一番偉業的……

這位青年認識雖然可能有失偏頗，但他至少能了解到自己和偉人之間並沒有本質的區別，這一點對每個人來說那可是非常重要的。自信一定會比那些總覺得自己一無是處，不如別人的人能取得更大的成就。

自卑者面對生活缺乏勇氣，不能與強大的外力相抗衡，致使自己在痛苦的陷阱中掙扎。有誰願意成為一個自卑的人呢？大概沒有。所有在實際生活中說自己因為某事而自

把自卑踩在腳下

卑的朋友，也都認為自卑不是好東西。他們渴望著把「自卑」像一棵腐爛的枯草一樣從內心深處拔出來，扔得遠遠的，或者把自卑重重的摔在地上，從此挺胸抬頭，臉上閃爍著自信的微笑。

自己看自己不順眼，自己總覺得自己矮人一頭，這就是自卑。當然這「不順眼」、「矮一頭」都是以別人為參照的：「我皮膚黑」，是和別人比而顯得「黑」；「我個矮」，矮是相對於高而言的；「我眼睛小」，世界上有許多大眼睛的人，才襯托出了「小」。這些和別人不一樣的地方，實實在在擺在那裡，讓你藏不了也躲不了，於是就有了自卑的理由。你可憐自己又恨自己，於是耗費大量的心理能量和時間精力，企圖去改變那些和別人不一樣的地方，但卻常常成效甚微。

有個小女孩的事情有點好笑，但它卻給了我們一個很大的啟示：很多自卑原來都是自找的！

有個女孩兒為了自己耳朵上的一個小眼兒非常自卑，於是便去找心理醫生諮詢。醫生問她眼兒有多大，別人能看出來嗎？她說她梳著長髮，把耳朵蓋上了，眼兒也只是個小眼兒，能穿過耳環，不過不在戴耳環的位置上。

醫生又問她：「有什麼要緊嗎？」

「哦，我比別人少了塊肉呀，我為此特別苦惱和自卑！」

現實生活中像她這樣的人實在是太多了，這種人訴說他們因為某種缺陷或缺點而特別自卑。把這些缺陷或缺點集中起來，幾乎無所不包：什麼胖啦、矮啦、皮膚黑啦、汗毛重啦，什麼嘴巴大、眼睛小、頭髮黃、胳膊細啦，什麼臉上長了青春痘、說話有口音、不會吃西餐、家裡沒有錢啦，似乎這些通通都可以成為自卑的理由，而「耳朵上的一個小眼兒」大概是其中之最了。

這種「耳朵上的小眼」的現象不能不引起我們的思考。美國人本主義心理學家馬斯洛不滿意佛洛德式的研究，認為他們只關注病態的人。「如果一個人只潛心研究精神錯亂者、神經病患者、心理變態者、罪犯、越軌者和精神脆弱者，那麼他對人類的信心勢必越來越小，他會變得越來越「現實」，判定的尺度也就會越放越低，對人的指望越來越小。」馬斯洛如是說。馬斯洛著重研究了那些「自我實現的人」，在這個基礎上使心理治療成為開發人的潛能、改善人的生活品質的一個新途徑。

當我們把目光從自卑的人身上轉到那些自信的人身上時，便會發現：上帝並不是對他們寵愛有加，讓他們全都完美無瑕。如果用「耳朵上的小眼兒」這樣的尺度去衡量，他們身上的種種缺陷其實也可怕得很呢。拿破崙的矮小，林肯的醜陋，羅斯福的癱瘓，邱吉爾的臃腫，哪一條不比「耳朵上的小眼」更令人痛不欲生？可他們卻擁有輝煌的一生！如果說他們都是偉人，我們凡人只能仰視，就讓我們再來平視一下自己周圍的同事、朋友。你可以毫不費力的就在那些成大事者身上找出種種缺陷，可你看他們照樣活得坦然自在。自信使他們眉頭舒展，腰背挺直，甚至連皮膚都熠熠生光！

有人說，自信的人才可愛，此話頗有道理。一個自信的人，會使人獲得安全感；一個自信的人，會使人感到溫暖。而自卑的人，會不由自主在別人面前，甚至是自己喜歡的人面前顯露一種不自在，他總在擔心別人會怎麼看自己。這種不自在會微妙的影響著人與人的關係，使雙方經常「誤讀」對方的資訊，造成隔閡與衝突。而自信的人，與人交往時是坦誠自然的，能更多的流露出自己的本色，能更有效的與人溝通和交流，也就更容易建立起健康的人際關係，為自己贏得友誼和愛情。

自卑的人並不是自己想自卑，而是因為他們的不正確觀念才致使他們缺乏內心安全感。他們總是特別「善於」發現自己的缺陷、缺點和生活中不利於自己的方面，然後把它們放到心理自卑的放大鏡下去看，結果是嚇壞了自己——既然自己是如此糟糕，又怎麼能去和別人比，去和別人競爭呢？為了保護自己不被可能遭受的失敗所打擊（僅僅是「可能」），他們躲避競爭，迴避交往，結果是越來越多的失去了發展的機會。不斷遭受的挫折似乎又在證明：瞧，你就是不行！惡性循環就是這樣形成的。

只有打破自卑的惡性循環才能逐漸建立自信。但「打破」需要有點決心、有點勇

氣，還要講究點科學——要求一個不自信的人去做一件對他來說非常困難的事情，只能增加他的焦慮。

「打破」是一個從認知到行為的過程。沒有認知上的改變，很難有行為上的突破；沒有行為上的突破，就不會產生新的體驗。

第三章　樂觀使你熠熠生輝

有人把樂觀的人比喻成一股永不枯竭的清泉，有人把樂觀的人稱為蔚藍的天空。有人卻說樂觀的人如同一首永無止境的歡歌，它使人的靈魂得以寧靜，精力得以恢復。

樂觀的人眼睛裡流露出來的光彩，使整個世界都流光溢彩。在這種光彩之下，寒冷會變成溫暖：艱苦會變成舒適。無論在什麼時候，他們都能讓人感到光明、美麗和快樂的生活就在身邊。這種個性使智慧更加熠熠生輝，使美麗更加迷人燦爛。而生活在光明、美麗、快樂、智慧之中的人，其魅力又有誰能夠抗拒呢？

「美好的生命應該充滿期待、驚喜和感激。」——莫利（Sylvanus Griswold Morley）

「所謂內心的快樂，是一個人過著健全的、正常的、和諧的生活所感到的快樂。」——羅曼．羅蘭（Romain Rolland）

「工作是一種樂趣時，生活是一種享受！工作是一種義務時，生活則是一種苦役。」——高爾基

愛默生的樂觀人生

有一天，一個朋友慌慌張張的跑來對美國作家愛默生（Ralph Waldo Emerson）說：「預言家說，世界末日就在今晚！」

愛默生望著他，平靜的回答：「不管世界變成如何，我依舊照自己的方式過日子。」

愛默生的回答十分耐人尋味，他面對動盪不羈的人生採取的是一種「隨便」的態度，並從中獲得了快樂。

愛默生的生活態度，說明在世上想要享受真正的生活，一定不要在乎那些自己所無法掌控的壞消息。就算哪天世界末日真的會降臨到你的身上，你也無須擔心。世界末日你根本無法阻止，並且只會來一次。而現在世界末日也還沒來，不是嗎？

就像某位哲人所說的：「我們不需要恐懼死亡，因為事實上我們永遠不會碰到它。只要我們還在這裡，它就不會發生，當它發生時，我們就不在這裡了，所以恐懼死亡是沒有意義的。」

生活中的我們常常很在意自己在別人的眼裡究竟是一個什麼樣的形象。因此，為了給他人留下一個比較好的印象，我們總是事事都要爭取做得最好，時時都要顯得比別人高明。在這種心理的驅使下，人們往往把自己推上了一個永不停歇的痛苦循環。

事實上，人生活在這個世界上，並不是一定要壓倒他人，也不是為了他人而活著。人活在世界上，所追求的應當是自我價值的實現以及對自我的珍惜。不過值得注意的是，一個人是否能實現自我，並不在於他比他人優秀多少，而在於他在精神上能否得到幸福和滿足。只要你能夠得到他人所沒有的幸福，那麼即使表現得不出眾也沒有什麼。在這方面，許多人都應向周豔學習。

人的一生，如同在江河中泅渡。身邊有時是驚濤拍岸卷起千堆雪，有時是長溝流月去無聲……一味的強渡搶渡，最容易陷入舉步維艱、事倍功半的境地。而如果你懂得了「隨」字訣，對於人生的各種變故與動盪就不會那麼手無足措，大可以在輕鬆寫意中化解各種矛盾。

所謂「隨」，不是跟隨，而是順其自然，不躁進、不強求、不過度、不怨恨。《道德經》中「人之生也柔弱，其死也堅強；草木之生也柔脆，其死也枯槁」，一語道破了順其自然的根本理由——為了生存。有機的生命體從來都是柔性的，只有在死亡之後才變得堅硬。而堅硬的東西通常都易受損、易碎、易滅失。所謂「柔弱者，生之途；堅強者，死之途」，因此，生存之本是順其自然，為人處世，亦是如此。

所謂「隨」，不是隨便，不是隨波逐流，而且還是一種有智慧的勇敢。它是懷著堅定的信念，順天道、識大體、持正念、擇正行，在順應中努力，在屈中求伸。要修成糊塗真功，先得學會「隨」字心法。心境放隨和了，身段就柔和了。能進則進，當止就止，於不經意間收穫豐贍的人生。

老子曾經讚美水說：上善若水。他認為水有七種美德（七善），其中有兩種分別為「事善能」、「動善時」。前者的意思是：處事像水一樣隨物成形，善於發揮才能。後者的意思是：行動像水一樣涸溢，隨時順應天時。由此可見，道家的無為，實質上是指遵循事物的自然趨勢而為，即凡事要「順天之時，隨地之性，因人之心」，而不要違反「天時、地性、人心」，憑主觀願望和想像行事。

「春有百花秋有月，夏有涼風冬有雪；若無閒事掛心頭，便是人間好時節。」這首詩出自無門慧開禪師。大自然非人力所能為，卻一年四季各應其時，各有其美。與自然之美，生命之美相比，其他種種不過是閒事罷了。

隨便一點，隨和一些，水自漂流雲自閑，花自零落樹自眠。世間熱鬧紛擾，你抽身而出，不為利急，不為名躁，不激動，不衝動，進退有據，左右逢源。這樣的人生，實在是活出了人生的大自在。

樂觀是一種美德

人生的目的之一便是尋求快樂，而且這種快樂並不在未來而是現在。很多人不快樂，因為他們總是企圖按照一個難以實現的計畫而生活。他們現在不是在享受，而是在等待將來發生的事情。他們以為等到自己找到好工作之後，買下房子以後，孩子大學畢業以後，完成某個任務或取得某種勝利以後，就會快樂起來。可惜，這種人大都以失望告終。快樂是一種心理習慣，一種心理態度，如果不是現在就加以了解和實踐，也許將來永遠體會不到。如果你想要快樂，你就快樂吧，但是絕不能「有條件」的快樂。

一位父親對即將遠行的孩子說：孩子，你將要遠行，將有一生的歲月等你去走。我送你一句話帶在身邊：「樂觀是一種美德。」

「要保持樂觀，孩子。這是我們窮人唯一的奢侈，不要輕易丟掉快樂的習慣，否則我們將更加一無所有。」

「你要樂觀，在每一個清晨或傍晚。你要學會傾聽萬物的語言，你要試著與你身邊的河流、山川、大地交談。在你經過的每一個山村，你都要留下你的笑聲作為紀念，這樣，當多年以後人們再談起你時，他們都會記得當年有一個多麼快樂的小夥子從這裡經過。」

「樂觀是一種美德。你要把它們像情人的手帕一樣帶在身邊。無論你帶著多少行李，你都不要把它扔到路邊的溝裡。即使你的鞋子掉了，腳上磨出了血，你也要緊緊的攥著快樂，不讓它離開一刻。」

「快樂是一種美德，孩子，這是因為快樂能夠傳染。你要把你的快樂傳染給你身邊的每一個人，無論他是勞累的農夫還是生病的旅客，無論他是赤腳的孩子還是為米發愁的母親，你都要把快樂傳染給他們，讓他們像鮮花一樣綻開笑臉。」

「孩子，在你經過的每個村莊，人們都會像親人一樣待你，他們會給你甘甜的井水，給你的包裹裡塞滿乾糧。那麼，你就給他們快樂吧，記住，樂觀是一種美德，它能讓你在人們的心中活上好多年。」

生活是一面鏡子

作家薩克萊（William Makepeace Thackeray）有句名言：「生活是一面鏡子，你對它笑，它就對你笑；你對他哭，它也對你哭。」確實，不管你生活中有哪些不幸和挫折，你都應以歡悅的態度微笑著對待生活。

下面介紹幾條原則，只要你認真實行，就有可能成為一個熱愛生活，令周圍人歡迎的人。

首先，遇事要多朝好的方向想。有時，人們變得焦躁不安是由於碰到自己所無法控制的局面。此時，你應承認現實，然後設法創造條件，使之向著有利的方向轉化。此外，還可以把思路轉向別的什麼事上，諸如回憶一段令人愉快的往事。

其次，不要把眼睛盯在「傷口」上。如果某些煩惱的事已經發生，你就應正視它，並努力尋找解決的辦法。如果這件事已經過去，那就拋棄它，不要把它留在記憶裡。尤其是別人對你的不友好態度，千萬不要念念不忘，更不要說「我總是被人曲解和欺負」。當然，有些不順心的事，適當的向親人或朋友吐露，也可以減輕煩惱造成的壓力，這樣心情可能會好受些。

再者，放棄不切合實際的希望。做事情總要按實際情況循序漸進，不要總想一口吃

個胖子。有人為金錢、權力、榮譽奮鬥，可是，這類東西你獲得越多，你的欲望也就會越大。這是一種無止境的追求。有的人發財、出名似乎是一下子的事情，而實際上並不儘然。因此，你應在懷著遠大抱負和理想的同時，隨時樹立短期目標，一步步的實現你的理想。

最後，要意識到自己是幸福的。有些想不開的人在煩惱襲來時，總覺得自己是天底下最不幸的人，誰都比自己強，其實，事情並不完全是這樣。也許你在某方面是不幸的，在其他方面依然是很幸運的。如上帝把某人塑造成矮子，但卻給他一個十分聰穎的大腦。請記住一句風趣的話：「我在遇到沒有雙足的人之前，一直為自己沒有鞋而感到不幸。」生活就是這樣捉弄人，但又充滿著幽默之味，想到這些，你也許會感到輕鬆和愉快。

快速樂觀四步走

快速樂觀第一步：抬頭挺胸深呼吸

為什麼呢？

其實人的生理及心理是息息相關的。相信你也有過這樣的體驗，當心情低潮的時候，我們往往也是無精打采、垂頭喪氣；而心情高昂時，自然是抬頭挺胸、昂首闊步了。所以，身體的姿勢的確會與心理的狀態密不可分。

從另一角度來看，當一個人抬頭挺胸的時候，呼吸會比較順暢，而深呼吸則是緩解壓力的妙方。所以當抬頭挺胸時，我們會覺得比較能夠應付壓力，當然也就容易產生「這沒什麼大不了」的樂觀態度。

另外，與肌肉狀態有關的資訊，也會透過神經系統傳回大腦去。當我們抬頭挺胸的時候，大腦會收到這樣的資訊：四肢自在，呼吸順暢，看來是處於很輕鬆的狀態，心情應該是不錯的。

在大腦做出心情愉悅的判決後，自己的心情就更輕鬆了。

因此，身體的姿勢的確會影響心情的狀態。要是垂頭，就容易感到喪氣；而如果挺胸，則容易覺得有生氣。

請千萬別小看這個簡單得令人不可置信的方法，下次頭腦中悲觀的念頭再冒出時，趕快調整一下姿勢，讓抬頭挺胸帶出自己的樂觀心境吧！

快速樂觀第二步：使用愉快的聲調說話

談到人際溝通，有個道理極為重要：重點不在於我們說了什麼，而是在於我們怎麼說它，「怎麼說」的部分，包括了語調、臉部表情、肢體動作等等。

而常被人忽視的是，我們的聲音其實是有表情的。同樣的一句話，用不同的語調來

說，傳達出來的意思則可能完全不同。

不信的話，請你來試試下面的練習。

張三很生氣的說：「你真討人厭！」（用你最窮兇惡極的表情及聲調吼出來！）

李四很撒嬌的說：「你真討人厭！」（請使用你最惹人憐愛的語調，拉著尾音嗲出。）

如何？感覺完全不同吧？

然而，許多人卻往往不知自己說話的語氣，很容易會不經意的洩露出心情。

例如有人總是在接電話時，習慣性的大吼一聲：「誰啊？」就這麼的發揮了「二字神功」，讓電話另一端的人還沒開口，就已感覺到對方的火氣。

而更離譜的是，如果一聽是上司打來的，馬上語調一軟，開始鞠躬哈腰起來：「唉呀，老闆，有什麼吩咐嗎？」心情也隨之轉變了。

知道了語調的神奇作用之後，接著想提醒你，如果想變得快樂開心一點，請先假裝你就是個開心的人，用很愉快的聲音開始說話。

先假裝，假裝久了就有可能變成真的了。一點也沒錯，試試看吧！

快速樂觀第三步：用正面積極的字眼取代消極負面的說法

我們所說的話，其實對自己的態度及情緒影響也很大，不知道你是否曾注意過？

一般而言，在日常生活中所使用的字眼可以分成三類：正面的、負面的以及中性的字眼。

先來聊聊負面的字眼，例如：「問題」、「失敗」、「困難」、「麻煩」、「緊張」等等。

如果你常使用這些負面字眼，恐慌及無助的感覺就會隨之而來（既然有「麻煩」了，那除了自嘆倒楣，還能怎麼辦呢）。

我們發現，樂觀的人很少會用這些負面的字眼，他們會用正面的字眼來代替。例如，他們不說「有困難」而說「有挑戰」；不說「我擔心」而說「我在乎」；不說「有問題」，而說「有機會」。

感覺是否完全不同了呢？

一旦開始使用正面的字眼，心中的感覺就會跟著積極起來了，就會更有動力去面對生活，不是嗎？

除此之外，樂觀的人也會把一些中性的字眼，變得更正面些。

例如「改變」就是個中性字眼，因為改變有可能是好的，但也有可能越變越糟。

試試看，如果把「我需要改變」，換成「我需要進步」，這就暗示了自己是會越變越好的，自然就會樂觀起來了。

所以說話其實需要字字琢磨，只要改變你的負面口頭禪，換成正面積極的字眼，你就會立刻感到積極樂觀起來。

快速樂觀第四步：不抱怨，只解決問題

你信不信，樂觀的人所列出的煩惱事項遠少於一般人，而他們花在抱怨的時間上也遠遠少於一般人。

這給了我們什麼樣的啟示呢？

樂觀的人在面對挫折的時候，才不會花時間去怨東怪西：「都是他搞的鬼……」要不就是：「為什麼我老是這麼倒楣？」

他們共同的態度是「沒時間怨天尤人，因為我正忙著解決問題呢。」

確實，當我們少一分鐘抱怨時，就會多一分鐘進步。

這也正說明了為何樂觀的人比較容易成功，因為他們的時間及精力永遠用來改善現況。

所以，要培養樂觀一點也不難，就從現在開始，把注意力的焦點從「往後看怨天尤人」，改為「向前望解決問題」就行了。

實際的做法，則是閉口不提「為什麼總是我……」，而用另一句話「現在該怎麼辦會更好」來代替。

在面對不如意時，只要改成這種有效的思維方式，你會發覺自己的挫折忍受力將大為增強，而更容易從逆境中走出來。

收起你的虛榮心

人們總是渴望快樂並會千方百計的不斷去尋求、創造和享受快樂的。如果在現實中得不到真正的快樂，那麼就會到幻想或夢想中去尋求虛榮的快樂。

要想在世界上尋找一個毫無虛榮的人，就和要想尋找一個內心毫不隱藏低劣感情的人一樣困難。基於這一事實，我們就知道這兩者之間必有一種密切的關係；研究的結果果然證明我們的推測並沒有錯，原來虛榮不過是人們想借它來遮掩他們低劣的心理罷了。

人是天然的懦弱者，他不能離群獨居，必須互相幫助，互相親愛，而後才可以抵抗一切危險的侵襲，得到生活的安全。

虛榮的方式之多，正和海沙一樣無限，為了他們的人種、身體，乃至眼色、鼻頭，他們都自誇著。有些地方的女人，她們以肥胖為榮；而有些地方的女人，卻以瘦長為

美。不問虛榮所表現的形式如何，不過都是虛榮罷了！

由於虛榮因而發生的競爭慘劇，那是最不幸、最惡劣的事。人們因虛榮的競爭而送掉性命的慘例簡直是舉不勝舉的，而虛榮的人能夠永遠維持他的虛榮的例子卻是屈指可數。凡是虛榮的人，他總有一天會和他的鄰居、同事、老婆、兒女，甚至不知虛榮為何物的自然界發生衝突，而結果他一敗塗地。虛榮雖然可以自欺欺人，但它斷然欺騙不了自然，虛榮是對自然的一種侮辱，但自然是不容任何侮辱的。

人類的虛榮之心已經是根深蒂固，並且發展得十分普遍，難以剷除的。自古以來，有許多哲學家、宗教家對此提出警告，還加以道德的攻擊，然而卻都無用，它不但不曾因此肅殺其威，而且日新月異，越來越猖獗了。要根本剷除這人類罪惡的根源可否有什麼徹底的方法呢？或者是否可以把它利用到好的方面去呢？至少，它的悲慘的結果是否可以設法避免呢？這些問題，現代的心理學家的回答說：「可以的！」

解決人類虛榮問題的根本，不在如何破壞它的存在，而是在於如何改善它，誘導它走向有用的方面去的問題。過去的說教者不明白這一層，所以總是失敗。因為破壞虛榮，也許就等於破壞整個的人類呢？人類被破壞到即使只剩最後一個人，他或許也會為了他的獨存而虛榮呀！我們只要對那些因美麗而虛榮的人說：你的虛榮於己於人於事兩無所得，豈不無聊之至；可是，你可以把你的美貌做工具，去感化犯罪的青年，那麼你的美貌便有意義了，雖然虛榮，人們卻可寬恕你了。倘若有人因為有錢而虛榮，只要告訴他，把他的錢拿出來經營一種事業在人們的生活上，多一種安全的保障，那麼，他便可以得到人們的原諒了。總而言之，虛榮只要往對人類社會有利的路上去，它就非但無害，反而更有益了。誰會否認愛迪生、愛因斯坦等偉大的人物是虛榮的呢，然而他們永遠是世界上最光榮的人。

人如果不能從正道上得到快樂，那麼就會到邪道上去尋求虛榮的快樂。

哪裡都有快樂

一些人坐在悲觀的牢籠裡，整天為自己沒有快樂而傷心，或等待別人來解救。其實，他們並不知道牢門沒有上鎖，也沒有獄卒把守，只要他們起身走出牢門，就可以尋找到快樂。

每個人享受生活中的快樂有很多種途徑。下面引一段美國詩人惠特曼（Walt Whitman）的話，看看他是怎樣透過嗅覺、視覺和聽覺來促進他精神上的愉悅的。這是一段很美的文字。

早晨大雪，至晚未停。
我在雪花紛飛中，躑躅於樹林裡和道路上，約莫有兩個鐘頭。
微風拂過松樹發出音樂般的低鳴，
清晰奇妙，猶如瀑布，
時而靜止，時而奔流。
此時，
視覺、聽覺、嗅覺，一切的感覺，
都得到了微妙的滿足。
雪片飄飄的降在常青樹、冬青樹、桂樹的上面，靜靜的躺著，
所有的枝葉都穿起一件臃腫的白外套。
在邊緣上還綴著綠寶石
這是那茂盛的、挺直的、有紅銅色外皮的松樹
還有那一陣陣輕微的樹脂和雪水混合的香味。
一切東西都有氣味，
雪也有氣味，只有你辨別得出來……

享受生活中的快樂和幸福，實在是沒有一個固定的模式，到底是怎樣生活才算快樂呢？挨餓受饑的人，一頓粗菜淡飯就是美味佳餚了，而養尊處優的人經常食欲不良。在

哪裡都有快樂

驕陽下耕作的農民，到田頭樹蔭下喝點茶歇半晌，就是莫大的享受。終日坐在書齋中苦讀的疲倦書生卻是把依靠在床頭小睡一會兒當作享受，而病臥床榻的人則是希求能到花園裡散步或能在運動場上迅跑。

明朝文學批評家金聖歎在《西廂記》批語中，曾寫下他覺得最快樂的時刻，這是他和他的朋友在連下十天都未停的陰雨連綿中，住在一所廟宇裡歸納總結出來的，一共有三十二則，每則的結尾都發出了真心的「不亦快哉」的感嘆。在這些快樂時刻中，可以說精神是和感官緊密連繫在一起的。下面選錄幾則：

・夏七月，赤日經天，亦無風，亦無雲；前後庭赫然如烘爐，無一鳥敢來飛。汗出遍身，縱橫成渠。置飯於前，不可得吃。呼簟欲臥地上，則地溼如膏，蒼蠅又來緣頸附鼻，驅之不去。正無可奈何，忽然大黑車軸，疾雨澎湃之聲，如數百萬金鼓，簷溜浩於瀑布。身汗頓收，地燥如掃，蒼蠅盡去，飯便得吃。不亦快哉！

・空齋獨坐，正思夜來床頭鼠耗可惱，不知其戛戛者是損我何器，嗤嗤者是裂我何書。心中回惑，其理莫措，忽見一俊貓，注目搖尾，似有所睹。斂聲屏息，少複待之。則疾趨如風，枉然一聲，而此物竟去矣。不亦快哉！

・街行見兩措大執爭一理，既皆目裂頸赤，如不戴天，而又高拱手，低曲腰，滿口仍用者也之乎等字。其語刺刺，勢將連年不休，忽有壯夫掉臂行來，振威從中一喝而解，不亦快哉！

・子弟誦書爛熟，如瓶中瀉水，不亦快哉！

・飯後無事，入市閑行，見有小物，戲複買之，買亦成矣，所差者甚少，而市兒苦爭，必不相饒。便掏袖中一件，其輕重與前不相上下者，擲而與之。市兒忽改笑容，拱手連稱不敢。不亦快哉！

・朝眠初覺，似聞家人嘆息之聲，言某人夜來已死，急呼而訊之，正是一城中第一絕有心計人。不亦快哉！

・重陰匝月，如醉如病，朝眠不起。忽聞眾鳥畢作弄晴之聲，急引手搴帷，推窗視之，日光晶瑩，林木如洗。不亦快哉！

・久欲為比丘，苦不得公然吃肉。若許為比丘，又得公然吃肉，則夏月以熱湯快刀，淨割頭髮。不亦快哉！

・存得三四癩瘡於私處，時呼熱湯關門澡之。不亦快哉！

・坐小船，遇利風，苦不得張帆，一快其心。忽遇舸疾行如風。試伸挽之，聊複挽之，不意挽之便著，因取纜，纜向其尾，口中高吟老杜「青惜峰巒過，共知橘柚來」之句，極大笑樂。不亦快哉！

・冬夜飲酒，轉複寒甚，推窗試看，雪大如手，已積三四寸矣。不亦快哉！

・久客得歸，望見郭門，兩岸童婦，皆作故鄉之聲。不亦快哉！

・推紙窗放蜂出去，不亦快哉！

・做縣官，每日打鼓退堂時，不亦快哉！

・看人風箏斷，不亦快哉！

・看野燒，不亦快哉！

・還債畢，不亦快哉！

眼前真是一個充滿美妙感覺的世界，這世界猶如一席人生的宴會，擺出來在由我們去享受。如果能感受到這一點，就會覺得生命之可貴，生命之自由了。但人的生命畢竟是有限的，而這世界是無限的。如何只是用這個有限來對應這無限，當生命即將終結時，我們是不是人人都該號啕大哭一場呢？

但是，人生雖然有限，對自由的追求卻是無限的，當人們在充分享受自己自由生命的快樂時，一切有限都會被超越，對有限人生的感嘆就會消失在享受自由生命帶來的愉悅中……

憂慮只能增加心理負擔

成千上萬的人因為憂慮而喪失了快樂，因為他們懼怕接受最壞情況的出現，不肯因此以求改進，不願意在災難中盡可能的為自己救出點東西來。

心理憂慮是很多現代人人無法擺脫的一種苦痛，一則是競爭壓力太大，二則是沒有良好的心理疾病處方。其實，成大事者處理憂慮的辦法很簡單：「我還沒有到最壞的境地，因此我應當快樂起來！」

德國有一個酒鬼，疑心自己在一次醉酒中把一個酒瓶子吞了下去。為此他整天憂慮不已，最後到醫院要求開刀取出它。醫生拿他沒辦法，只好給他開刀，然後拿出預先準備好的酒瓶騙他，不料他說他吞下的啤酒瓶不是那個牌子的，醫生只好再開刀騙他一次。

一九九九年美國德克薩斯州有青年聽信世界末日的傳聞，拿出他辛苦多年的積蓄到一個酒店裡大吃大喝，醒來後發現自己已躺在醫院裡。原來他大醉後在路旁把自己摔傷，幸虧好心人把他送到醫院，否則，他真到了末日。

對自己說「不要緊」

你是否發現不管自己多麼努力，總有事情會出錯？有時問題接著發生，一波未平，一波又起。當健康狀況好轉後，工作又出了差錯；或者是工作狀況好轉後，人際關係又出了差錯。有時似乎所有事情都同時出錯。

不管怎麼努力，生活中的各種問題似乎是接二連三的來考驗我們。這究竟是怎麼回事？

人生在世，生活本身就充滿了一堆問題。事實上不管我們怎麼做、怎麼想、怎麼過生活，問題都是無法避免的。生活平靜無波不是你、我或任何人能擁有的，原因在於「每個人評判問題的角度不一樣，是非標準也不一樣」，它們代表了現實和理想的差異。既然總是有差異，那人生就是要去「解決」問題。當解決了一個問題之後，就會由原先的次要問題上升到主要問題，人們解決問題的注意力，當然是被另一個問題替代了。也就是說，每當你解決一個問題，下一個就會浮現。

既然問題不可避免，要想獲得快樂和保持心理健康的關鍵，就在於我們面對問題的方式，是主動迎擊而不是去逃避它。如何認清現況和利用可用資源，如何面對問題，這些都會影響未來事情的處理方法和產生的結果。

人生絕不可能不出錯的。出錯往往是因為我們的主觀願望和我們預期的效果不相符。所謂不出錯，只不過是和人們預期的效果相符而已。

對一些人來說，人生就像是一場迫切且沮喪的奮鬥。和他們大多數人交談時，他們會告訴你他們的經濟窘迫、工作不順、健康欠佳、人際關係問題以及一切的倒楣事，他們感到恐懼、不安和焦慮，整天煩惱不已。簡而言之，他們無法掌控自己的生活，而是生活主宰了他們。

不同的人生反映了我們不同的想法和觀點，而這些不同的想法則形成了每個人各自的經驗。如果你經常認為自己運氣不好，是一個倒楣鬼，事情老出錯，生活真不公平，那噩運的確就會一直跟著你。真的就該是倒楣嗎？還是只有你心想事不成呢？但你必須了解到，這都是自己造成的，因為你一直認為自己運氣不好，卻不自知你的態度正為你帶來噩運。表面上看好像我們受制於環境，事實上，我們應該是自己命運的舵手和主宰。就像前面說過的那樣，因為看待問題的角度不同，你對人生的認知也會不同。

因此，不管接二連三的遭受了多少生活的磨難和事業的打擊，我們都要以樂觀的態度去面對世界，面對他人。

一位教育學教授在班上說：「我有三字箴言要奉送各位，它對你們的學習和生活都會大有幫助，而且這是一個可使人心境平和的妙方，這三個字就是：不要緊。」不讓挫折感和失望破壞自己平和的心情，這是學會享受生命的重要一課。我們有時往往會自我誇大失敗和失望，以至於好像到了或生或死的關頭。然而，許多年過去後，回頭一看，我們自己也忍不住笑自己，為什麼當初竟把那麼丁點小事看得那麼重要呢？時間是治療的方式之一，但是學會積極的面對挫折，則能避免長時間的漫長而痛苦的恢復過程，並且能使這個過程變成一段快樂享受的時光。

對自己常說「不要緊」，這種非常有效的心理調節方法，實際上是建立在一個很深刻的哲學思考上的，即：我們的生命究竟是什麼。對這個問題的回答決定著我們對生活價值的判斷、生活的行動，當然也就決定著我們生活的心態。有的人把生命看作是占有，占有錢，占有權力，占有財富，占有名利，占有……這樣的生命，總是把人生的意義定在某一個點上，當這個點實現後，就開始追逐下一個點。也許在到達某一個具體的點時，有過那麼一陣瞬間的快樂，但很快就被實現下一個點的焦慮所代替。在他們這樣的人生中，人本身只是一個追逐目標的工具，而不是生活本身。所以，那些人的人生總是被忙碌、焦慮、緊張所充滿，患得患失，到死也沒能放鬆的品嘗一下生命的美好。而有的人則把生命看作是上天給予的禮物，是一個打開、欣賞和分享這個禮物的過程。因此，這樣的人堅信生命本身是快樂，是愛，無論處在什麼樣的環境中，即使是非常惡劣的環境中，他們也能泰然處之，就像是在遊樂園中那樣，興趣盎然的去尋找、發現、享

受生命中的樂趣。對於這樣的人來說，重要的不是去擁有什麼，因為他們知道他們擁有什麼並不重要；重要的是他們是什麼，是不是真的享有了自己的生命。

德國心理學家理察・卡爾森（Richard Carlson）博士就是看到了這種不同的對待生命的態度，要求人們「想想你究竟想擁有什麼而非你想要什麼」。他說：「做了十幾年的壓力顧問，我所見過的最普遍、最具毀滅性的傾向，就是把焦點放在想要什麼，而非已擁有什麼。不論人們多富有，這似乎沒有什麼差別。他們總是不斷擴充我們的欲望清單，不斷攫取也填不滿他們的不滿足。這些人的心理都在說：『當這項欲望得到滿足時，我就會快樂起來。』可是，一旦欲望得到滿足之後，這項心理作用卻不斷重複他最初的想法……如果我們得不到自己想要的東西，就不斷會想著我們沒有什麼，繼續感到不滿足。如果我們如願以償得到我們想要的東西，仍然會在新的環境中重複我們的想法。所以，儘管如願以償了，我們還是不快樂。」

卡爾森博士針對這個問題，提出了他的解決辦法：「幸好，還有一個方法可以得到快樂。那就是將我們的想法從我們想要什麼轉為我們已擁有什麼。不要奢望你的另一半會換人，相反的，想想她的優點。不要抱怨你的薪水太低，要心存感激你已有一份工作可做。不要期望去國外度假，多想想自家附近有多好玩。可能性是無窮無盡的！……當你把焦點放在你已擁有什麼，而非你想要什麼時，你反而會得到更多。如果你把焦點放在另一半的優點上，她就會變得更可愛。如果你對工作心存感激，而非怨聲連連，你的工作表現會更好，更有效率，可能會獲得加薪。如果你享受在自家附近找娛樂，不要等到去國外再享樂，你得到的樂趣會更多。反正你也已經擁有美好的人生了。」

最後，卡爾森博士建議道：「給自己寫一張紙條，開始多想想你已擁有什麼，少想你要什麼。如果你能這麼做，你的人生就會開始變得比以前更好。或許這是你這一輩子第一次知道，滿足是什麼意思。」

說「不要緊」不是要使自己變得麻木不仁，對失敗挫折無動於衷，而是要變得更敏銳、更智慧，從中看到生命的快樂，使自己在失敗的挫折中看到幸運，享受到愛。

奇妙的替代律

在克服不良情緒的過程中，懂得生活的替代律是很有幫助的。一個人牙痛，在院子裡決定不了是不是要去看醫生。他手裡拿著一片塗果醬的麵包，思考時無意識的去咬了一口，沒留意激怒了停在果醬麵包上的黃蜂，在他的牙齦上重重叮了一口。這個人趕緊跑到屋裡，照著鏡子，塗了藥，又敷上冷毛巾。最後黃蜂叮的痛消失了，他發現牙痛也沒有了。這是一個醫學上以痛止痛的替換律例子。

著名演說家安斯華爾特就曾用「替代律」作講道題目，借「松樹長出代替荊棘」的例子來說明替代律，你要想整理出一塊空地，在把一株尖葉叢生的荊樹拔除後，你不會讓那地空蕩蕩的，你會在原地種上一棵好看的松樹，用一物替代另一物。

人生也是如此，我們可以用快樂的事物替代不快樂的東西，就好像是打掃出一間空屋子，為了不讓惡人占據，最好的辦法是讓好人住進去。替換律同樣可以用在我們的思考上：驅除骯髒的念頭，不僅僅是絕不去想它，而且必須讓新東西替代它，培養新興趣，新思想；排除失望，僅僅接受失望是不夠的，一個希望失去了，應該用另一個希望來代替；忘記自己憂傷的最有效也是唯一的辦法，是用他人的憂傷來代替，分擔別人的痛苦時自己的痛苦也就忘記了。因此，當我們心情不好時，最好的解決辦法是敞開自己心扉，打破沉默，去做任何可以給我們帶來快樂的事情，在做其他事情中使我們從受挫折的事情中解放出來。

當傳播快樂的使者

奧里森．馬登（Orison Marden）在他所著的《高貴的個性》（*Noble Personality*）一書中這樣說：「我們需要承擔一種責任，那就是總是保持快樂的心態，沒有其他責任比這更為重要了——透過保持快樂的心態，我們就為世界帶來了很大的利益，而這些利益我們自己甚至還不知道。」

有一個關於米開朗基羅的故事，因為名聲很大，君主和教皇們願意為他的作品支付大筆的錢。有一個小男孩在街上遇見了他，男孩拿著一支破鉛筆和一頁很髒很髒的棕色紙張，要求米開朗基羅給他畫一幅畫。於是，這位偉大的藝術家就坐在路邊的石頭上，給這個小小的崇拜者畫了一幅畫。

另外一個動人的故事講述了有關瑞典傑出歌唱家珍妮·林德（Johanna Maria Lind）的經歷，這個故事顯示出了她那高貴的品格。有一次，當她正在和一個朋友散步時，她看見了一個老婦人搖搖晃晃的走進了一間救濟院的大門。於是，她的同情心突然之間被激發了，然後，她也走進這扇大門，假裝是要在那兒休息了一會兒，她希望借此機會送給這個窮婦人一些有用的東西。

然而，讓她吃驚的是，這個老婦人隨即開始和她談起了她所仰慕的「珍妮·林德」。那老婦人說：「我已經在世上活了很長很長時間了，在我死之前，我沒有別的想法，我只是特別想聽聽珍妮·林德的歌聲。」

「那會讓你感到快樂嗎？」珍妮問道。

「是啊。但像我這樣的窮人是沒辦法去音樂廳的，所以也許我永遠聽不到她的歌聲了。」

「請別那麼肯定。」珍妮說：「請坐，我的朋友，聽我唱一首吧！」

她開始歌唱，並且帶著一種真誠的喜悅，唱了她最拿手的一支歌曲。

老婦人非常的高興，接著又覺得有一點兒困惑，因為那年輕的女子竟然對她說：「現在，你已經聽過珍妮·林德的歌聲了。」

比玫瑰花的香更為甜美的是名譽，而這種名譽是因人類善良、仁慈和無私的本性所帶來的；一種隨時準備為他人做好事的品格會轉化為你自己的力量。「思想上的甜美，會作用於你的身體、服飾和居室。」所以，賽凡提斯（Miguel de Cervantes Saavedra）談到某個人時，曾經說他的臉就像是對人的一個祝福。而賀拉斯·史密斯（Horace Smith）則說：「彬彬有禮、溫文爾雅看起來非常好。」

是否有過這樣一個人，他非常無私，慷慨仁慈，交際很廣，並且親切善良，有著優雅的靈魂，常常為他人著想，並且為周圍的人所愛戴？是的，有這樣一個人。毋庸置疑，他就是光明使者。

有些人生來就是快樂的。無論他們身處的環境怎樣惡劣，他們總是高高興興的，對

當傳播快樂的使者

任何事情都很滿意。在他們的眼中，他們好像是度過了一個長長的假期，他們的視力所及處處都是愉悅和美麗。當我們遇見他們時，他們給我們的印象好像是剛剛遇見了什麼幸運的事情，或者是好像有什麼喜訊要告訴我們一樣。如同蜜蜂從每朵盛開的花朵中採集完蜂蜜那樣，他們還具有一種提煉快樂的煉金術，甚至可以讓布滿陰霾的天空充滿燦爛的陽光。在病房裡，對病人來說，他們常常比醫生更有用，比藥物更有效。所有的大門都向這些人敞開，他們處處受到人們的歡迎。

最迷人的人總是那種擁有最吸引人的品格的人，而不是外表最美麗的人。我們不必要對如何去感受他的偉大來作一番介紹，如果在一個寒冷的日子，你在大街上遇見這樣一個開心的人，你就會覺得似乎氣溫又上升了幾度，天氣一下子暖和了許多。

一位真正的人士的兩個主要特徵，就是注重禮儀和為他人著想。「你會陷入某種絕望悲傷的境地嗎？如果會，那麼請暫時的忘記它，請保持優雅的儀態。」這些觀點是多麼適合用來做每個人的座右銘啊！

第四章　能說會道嘴巴甜

怎樣才能稱得上「能說會道」呢？一句話：在恰當的時機，對恰當的人，說恰當的話。要做到這三個「恰當」，並不是一件容易的事。口才並非只是嘴上的功夫，一個人若沒有廣博的知識，沒有開闊的視野，沒有良好的心態，沒有嚴密的邏輯，是不可能擁有良好口才的。

前哈佛大學校長艾略特（Thomas Stearns Eliot）曾經說：「在造就一個上層人的教育中，有一種訓練是必不可少的，那就是優美而又文雅的談吐。」凡是肯說會道並能利用美妙的言詞引起他人注意的人，一般都能使他人傾倒，使他人樂於與其親近。事實上，沒有任何別的東西可以像出色的談話能力那樣能使別人、尤其是那些對你了解甚少的陌生人，對你產生良好的印象。

「我可以依靠別人對我說的一句好話，快活上兩個月。」——馬克·吐溫

「一滴蜜所俘獲的蒼蠅，遠遠超過一隻蒼蠅拍。」——西方諺語

「一句話說得合宜，猶如金蘋果落在銀網裡。」——西方諺語

讓你的話更中聽

如果你是——一個善談者，那麼，任何一個與你交談過的人都將強烈的感受到你的談話藝術、魅力和影響力。在現實生活中，有相當多的成功人士在很大程度上把自己的魅力歸功於出色的談話魅力，這種能力是一種巨大的力量，能讓你在談話過程中引起別人的興趣，並牢牢的抓住他們的注意力。相反，那些在談話過程中結結巴巴、語無倫次的人，那些儘管清楚某件事情、但卻無法用富於邏輯性、饒有興趣和簡潔有力的語言將它表達出來的人，總是處於極其不利的境地。

不少人在談話方面都是拙劣的生手。他們不習慣社交生活，對自己缺乏信心，所以在社交場合總是默不作聲，一聲不響的聽他人談話。另外，在大街上、列車裡，以及其他公共場合，你隨時隨地都可以聽到音量很大而又粗魯的聲音：「你在胡說八道！」「我怎麼知道？」「我討厭死那個傢伙了，他簡直把我煩死了。」以及其他諸如此類的粗俗話語。

說話的學問真是太大了，有些話，人們講了半輩子，有問題卻不能自知，甚至得罪了人，還弄不清是怎麼回事。

李華到達廣州的那天，請劉福去接機。劉福見到他之後問：「聽說你的表哥就住在附近，為什麼不找他就近來機場接你呢？」

李華說：「因為他忙！」

誰知就這樣得罪了劉福。劉福心想：「喔！他忙，難道我就不忙？他的時間值錢，我就不值錢？」從那時起，也就不大理李華了。

李華自然是無心的，得罪了老同學，自己還不知道。但是你想想，如果當時李華能回答：「因為我跟你的交情比跟我表哥還好，我巴不得一下飛機就能見到你這個老同學！」是不是要好得多嗎？

由此可見，懂得講話技巧的人能把一句原本並不十分中聽的話說得讓人覺得十分舒服。

有一位官員對事事請示的部屬不大滿意，但是他並不直截了當地命令大家要各司其責，而在開會時說：「我不是每樣事情都像各位那麼專精，所以今後簽公文時，請大家不要問我該怎麼做，而改成建議我怎麼做！」

還有一位在外交部任職的官員，當他要部屬到他辦公室時，從來不說：「請你到我辦公室來一趟！」而講：「我在辦公室等你。」

這兩個人都是巧妙的把自己觀點的位置由「主位」改成「賓位」，由真正的主動變成被動的樣子，當然也就容易贏得下屬的好感。

至於最高明的，要算是那懂得既為自己「造勢」又能為對方造勢的人了。一位被派駐英國的美國外交官，臨行酒宴上講的一段話，真的妙極了！

他說：「大家都知道，如果沒有過人之才，不可能擔任外交工作，而且一做就是十年。而我，沒有什麼過人之才，憑什麼能一做就是十幾年呢？這道理很簡單，因為我靠了你們這些朋友！」

多漂亮的話啊！短短的幾句話，連續三個轉折，既有自信，又見謙遜，最後卻把一切歸功於朋友，怎不令人舒服愉快？

你無論擁有多高的天賦，受過多高的教育，穿上多漂亮的衣服，擁有多豐厚的財產，如果無法用優美恰當的語言表達自己的思想，魅力會大打折扣。要想讓別人喜歡你，必須鍛鍊自己的說話能力，只有這樣，才能找出開啟人與人之間溝通的大門，使彼此的心靈接近，使自己在各種各樣的人際交往中大受歡迎，與他人融洽相處，在生活和工作當中如魚得水。

如何聊天

朱自清說：「人生不外言動，除了動就只有言，所謂人情世故，一半是在說話裡。柴米油鹽式的聊天，是我們說得最多的一些話題。聊天看似平常，卻是能在平常之中見口才真功。聊得來的人，距離迅速拉近，感情立馬升溫。」

聊天一般都是沒有一個特定的話題，天馬行空，可以由小孩吵架聊到美伊開戰，可以從繡花針聊到原子彈。但是在尋找話題的時候，最好不要涉及政治與宗教信仰這兩個主題，因為這類話題最容易引起激烈的爭辯，而將原來的輕鬆場面一掃而空。最好談一些小的、不重要的事情。

人們在閒聊這件事上最容易犯的錯誤，就是一見面就從對方所從事的工作談起。我們總以為，和醫生談開刀、和運動員談打球、和商人談生意經「天經地義」的事。殊不知，他們一年到頭做同樣的事情，已經夠煩的了，如果你在業餘時間或休閒時間還談及這類事情，很可能會讓對方心煩意躁。美國前任總統甘迺迪最討厭和別人談政治，可是偏偏許多人都找他談政治，還自以為此舉可以討好他。

那麼，到底應該談哪些事情呢？最好的辦法，就是經常閱讀報紙和一般性的雜誌，以增加各方面的常識。不然，除了「你好嗎？」「今天天氣不錯啊！」之外，接下來你

就不知道要聊些什麼了。

閒聊中不要當無「聊」分子，無「聊」分子在交際中不受歡迎。而那些口才高手則善於打破沉默、談笑風生、能帶動會場氣氛的人，走到哪裡都會受到大家的歡迎。這種人不會讓場面尷尬與沉默，他們懂得適時轉變話題，讓大家都有臺階下。

閒聊聊些什麼呢？平時除了你所最關心、最感興趣的問題之外，你要多儲備一些和別人閒談的資料。這些資料應輕鬆、有趣，容易引起別人的注意。

例如，買東西上當啦，語言上的誤會啦，或是辦事擺了個烏龍等等，這一類的笑話多數人都愛聽。如果把別人鬧的笑話拿來講，固然也可以得到同樣的效果，但對於那個鬧笑話的人就未免有點不敬。講自己鬧過的笑話，開開自己的玩笑，除能夠博人一笑之外，還會使人覺得自己為人很隨便，很容易相處。

驚險的故事也是一個不錯的話題。特別是自己或朋友親身經歷的驚險故事，最能引起別人的注意。人們的生活常常不是一帆風順的，每天大家照常吃飯、照常睡覺，可是忽然大禍臨頭，或是被迫到一個很遠的地方，可能遭遇到很多危險……怎樣應付這些不平常的局面，怎樣機智的或是幸運的在間不容髮的時候死裡逃生，都是人們永遠不會漠視的題材。

未婚女人喜歡談美容與購物。已婚女人則更願意談兒童教育、夫婦之間怎樣相處、親友之間的交際應酬、家庭布置……

夏天談游泳，冬天談溜冰，其他如足球、羽毛球、籃球、乒乓球，都能引起人們普遍的興趣。娛樂方面像盆栽、集郵、釣魚、聽歌、追劇，什麼地方可以吃到著名的食品，怎樣安排假日……這些都是一般人很感興趣的話題。特別是有世界著名的音樂家、足球隊前來表演的時候，或是有特別賣座的好戲、好影片上演的時候，這些更是熱鬧的閒談資料。

轟動一時的社會新聞是最常用來作為談資。假使你有一些特有的新聞或特殊的意見和看法，那足夠可以把一批聽眾吸引在你的周圍。

多說 YES 少說 NO

有些人很不討人喜歡，不管走到哪裡都令人討厭，這些人通常在和別人溝通時，總是不斷在否定對方所說的話。我們可以來看看以下的例子。

「你有車子嗎？有吧？我還以為你沒有呢。什麼顏色？白色，那太沒個性了，滿街到處都看得到白色的車子，你應該選個比較個性的顏色才好嘛。什麼？自動排檔車？那太危險了！才兩個車門？這樣進出多麻煩，後座的人很辛苦吧？」

聽聽這段話，車子每一樣都被否定，有誰會不生氣呢？但是，這卻是很多人不知不覺中常犯的毛病。

如果換成另一種說法：「白色的感覺明亮，很不錯哦！自動排檔車開起來很輕鬆，尤其是山坡路，開起來一定特別順手吧？如果是這種車種的話，還是兩車門比較輕便……」這樣稱讚一下人家，可以說是小事一樁，對方高興，自己也達到了保有良好人際關係的目的，何樂而不為呢？

肯定對方、對方的家人、對方所擁有的一切，是建立良好人際關係的基本方法。

如果對方的意見和你的想法不同，也絕不要劈頭就直接否定人家。如果對方說：「人生還是金錢最重要。」就算你不同意，也可以婉轉的回答：「我也這麼想。但是，應該也有一些例外吧……」先接受對方，聽完對方的說明，再表明自己的主張，態度可以堅決，但是語氣要盡量委婉。

人一旦被對方認同，就會在潛意識裡覺得自己很重要，自然也就會對對方產生好感，也就願意接受對方的意見。

有一點要注意，絕不能一味的肯定對方。如果有朋友在你面前抱怨他的女友實在不怎麼樣。你若傻傻的回答說：「是呀，身材也不好！」雖然是附和了對方的意見，但對方心裡其實可能是希望得到反駁，希望你稱讚他的女友，結果卻得到反面的回應，這樣不只場面尷尬，想想兩人的談話還談得下去嗎？和人交談千萬不要只聽表面上的話，要用心察覺對方的心思。

特別需要注意的是，不要隨便否定自己覺得不好應付的人。因為一旦抱持這樣的心態與人接觸，我們就很容易被對方貼上負面的標籤。

「那個人很陰沉，實在惹人厭！」、「他是個沒有能力的人，不適合當朋友。」、「她很驕傲，我沒辦法喜歡她。」這些評語都只是對那個人的部分評價，而這樣斷章取義的判斷只會破壞彼此關係。

其實，不管是什麼人，必定有好的一面。如果能夠這樣深信，對方必定也會給予YES的信賴回應。

見什麼人說什麼話

無論是在事業上還是在人際交往中，如果遇到不如意，請千萬別說「只要我喜歡，有什麼話不可以說」，你應該學會「見人說人話，見鬼說鬼話」。

「見人說人話，見鬼說鬼話。」一般是用來批評某人圓滑、投機和不誠懇的，可以說

是一句罵人的壞話，青年人大多對此不以為然。但是見人說人話，就可以和人溝通；見鬼說鬼話，就可以和鬼溝通；見人說鬼話，見鬼說人話，那麼就不能溝通了。所以「見人說人話，見鬼說鬼話」是溝通的祕訣，也是和人相處、交朋友、給人留下好印象和了解對方的祕訣。這是一種技巧，一門藝術，哪裡是圓滑、不誠懇呢？

「見什麼人說什麼話」，也就是說：和對方交談，應盡量用對方能夠認同的語言，並談論對方熟悉和關心的話題！

在話題方面，比如和有小孩的女性說話，可以說說孩子的教育；和同事說話，可以說說目前的社會經濟狀況。說得不深入沒關係，只要你開了口，他們便會主動的告訴你很多關於他們自己和工作上的事情。如果你善於引導，他們恐怕連心事都會掏出來。

在進行言語交際時，你說的話應當符合特定身分的要求，從稱謂到措辭組句，從語氣到表達方式都要不失身分，而且要恰當得體。在社會上有老幼尊卑之分，那麼見什麼人說什麼話，自然就更要有分寸了。用和同學說話的口氣與長輩溝通，長輩自然是聽不進去；用和女友講話的口氣跟女同事說話，女同事聽了自然不是滋味，而見什麼人就說什麼話，自然不會出錯！

曾經在電視上看到一個男主持人對記者開了一個嘲諷慈善事業的玩笑。這個玩笑如果在朋友之間說說，大家都知道這只不過是個玩笑罷了，絕非惡意；可是被記者搬上了媒體，別人可就不會再當作玩笑了，結果引起了軒然大波。

時常聽到有人批評他人「少根筋」，指的就是不看情況胡說八道，如在壽宴上對著壽星大談人壽保險的好處；對著孕婦說「這年頭養孩子沒有什麼好處，翅膀長硬了就飛了」；對新郎新娘說「今天的喜宴好吃極了，下回別忘了再請我，我一定捧場」；別人就要出遠門旅行了，卻對他們大談今年發生了多少起飛機失事。

也許有時你只是說得高興，沒注意到和你談話的人的情況，並且不是故意的，結果在不知不覺中傷了人；也有可能真的是「少根筋」，木頭腦袋轉不過彎兒來。所以我們在說話前要先看看周圍都有些什麼人，這些人目前又是什麼狀況。當然，如果真的不知道，人家也不會怪你，不知者無罪嘛。

初入社會必須學會見什麼人說什麼話，否則會落到非常尷尬的下場。學習「見人說話」的技巧，主要要考慮以下幾個方面。

- **性別的差異**：對年輕人應採用鼓動的語言；對中年人應講明利害，以供他們斟酌；對老年人應以商量的口吻，盡量表示尊重的態度。
- **地域的差異**：對於生活在不同地域的人，所採用的勸說方式也應有所差別。
- **職業的差異**：不論遇到從事何種職業的人，都要運用與對方所掌握的專業知識關聯

較緊的語言與之交談，對方對你的信任感就會大大增強。

・**性格的差異**：若對方性格豪爽，便可以單刀直入；若對方性格遲緩，則要「慢工出細活」；若對方性格多疑，切忌處處表白，應該不動聲色，使其疑惑自消等等。

・**文化程度的差異**：一般來說，對文化程度低的人所採用的方法應簡單明確，多使用一些具體的數字和例子；對於文化程度高的人，則可以採取抽象的說理方法。

・**興趣愛好的差異**：凡是有興趣愛好的人，當你談起有關他的愛好這方面的事情來，對方都會興致盎然，在無形中對你也會產生好感。因此，如果你能從此人手，就會為下一步的遊說打下良好的基礎。

要善於聆聽

聆聽是搞好人際關係的需要。人有兩隻耳朵一張嘴，就是為了少說多聽。不重視、不善於傾聽就是不重視、不善於交流，而交流的一半就是用心傾聽對方的談話。不管你的口才有多好，你的話有多精彩，也要注意聽聽別人說些什麼，看看別人有些什麼反應。俗話說得好：「會說的不如會聽的。」也就是說：只有會聽，才能真正會說；只有會聽，才能更好的了解對方，促成有效的交流。尤其是和有真才實學的人一起交談更要

要善於聆聽

多聽，不僅要多聽，還要會聽。所謂「聽君一席話，勝讀十年書」，大概也正是這個意思吧。

那麼，是不是我們什麼都不說，只一味的去聽呢？當然不是。假如一句話都不說，別人即使不認為你是啞巴，也會認為你對談話一點興趣都沒有，反應冷漠。這樣會使對方覺得尷尬、掃興，不願再說下去。到底多說好，還是少說好呢？這就要看交談的內容和需要了。如果你的話有用，對方也感興趣，當然可以多說；倘若你的話沒有什麼實質內容和作用，還是少說為佳。即使你對某個話題頗有興趣和見解，也不要滔滔不絕，沒完沒了，更不要打斷別人，搶話爭講，因為那樣會招致對方厭煩，甚至破壞整個談話氣氛。

聽話也有訣竅。當某人講話時，有的人心不在焉，給人一種輕視談話者的感覺，讓對方覺得你對他不滿意，不願再聽下去，這樣肯定會妨礙正常有效的交流。當然，所謂注意聽也不是死盯著講話者，而是適當的注視和有所表示。

只要將人際關係融洽的人和人際關係僵硬的人作個比較，就會明白，越是善於傾聽他人意見的人，人際關係就越理想。就是因為，聆聽是褒獎對方談話的一種方式。

如何學會聆聽？以下提幾點建議。

· **保持耳朵的暢通**：在與人交談時，盡量的使對方談他所感興趣的事，並用鼓勵性的話語或手勢讓對方說下去，並不時的在不緊要處說一兩句讚嘆的話，對方會認為你很尊重他。

· **全心全意的聆聽**：輕敲手指或頻頻用腳打拍子，這些動作是會傷害對方自尊心的。與人交談時，眼睛要看著對方的臉，但不要長時間的盯住對方的眼睛，因為這樣會使對方產生厭惡的情緒。只要你全神貫注，輕輕鬆鬆的坐著，不用對方音量大你也可以一字不差的聽進耳朵裡。

· **協助對方把話說下去**：協助對方把話說下去很重要，因為別人說了一大串以後，如果得不到你的呼應，儘管你在認真的聽，對方也會認為你心不在焉。在對方話語的不緊要處，不妨用一些很短的評語以表示你在認真的傾聽，諸如「真的嗎？」「太好了！」「告訴我是怎麼回事？」「後來呢？」這些話語會使對方興趣倍增。假如你和一個老朋友在一起吃飯，他說他前幾天跟上司吵了一架，這幾天氣悶得很。如果你對他說：「到底是怎麼回事，說說吧。」他會對你說很多，他有了敘述苦悶的機會，心情便好受多了，自然你們的友情也會更加深一層。

· **不要打斷**：在別人講話的時候，如果你自作聰明，用不相干的話把別人的話頭打斷，這會引起對方的憤怒的。

・**要學會聽出言外之意**：通常，除說話以外，一個眼色，一個表情，一個動作都能在特定的語境中表達明確的意思。就是同一句話，也可以聽出其弦外之音、言外之意。

傾聽是一種禮貌

傾聽是一種禮貌，一種出於對講話者尊重的禮貌。你在尊重他人的同時，也會得到他人的尊重。元代鄭廷玉在戲劇《楚昭公》中有臺詞雲：「請大王試說一遍，容小官洗耳恭聽。」聽別人說話，要洗乾淨耳朵以示恭敬。

相對來說，人人都對自己的事更感興趣，對自己的問題更關注，更喜歡自我表現。一旦有人專心傾聽我們談論我們自己時，就會感到自己被重視。魅力高手也是如此，不過他們因為了解了這一規律，比平常人更懂得去傾聽別人的聲音。

溝通大師戴爾・卡內基（Dale Carnegie）認為：在溝通的各項功能中，最重要的莫過於傾聽的能力；滔滔的雄辯能力、強而有力的聲音、精通多國語言，甚至寫作的才能都比不上傾聽重要。他還說：「成功的交談，並沒有什麼神祕。專心的注意與你說話的人，是非常重要的，再也沒有比這麼做更具有恭維的效果了。」

以開會來說，無論是公司會議或公眾會議，縱然主持人擅長說話技巧，但如果從頭到尾都是他一人發表意見，那麼這會議充其量只是報告會。只有出席者也發言，提出具有建設性的問題或意見，才能達到會議的溝通目的。「說」與「聽」是溝通不可或缺的條件，而這兩者相互平衡，才會產生理想的溝通。

像這種情形也適用於一對一的交談。由此可見，與其強求成為很會說話的人，不如先成為能傾聽的人，如此有助於溝通。

環顧四周的人可以發現，精通說話藝術的人，也都了解聽人說話的重要，由於他們不斷吸收別人的話題，於是更豐富了自己的話題。相反，那些言語乏味的人，大都是從不聽人說話的人，不但如此，反會炫耀自己或批評別人。善於傾聽的人會贏得更更好的朋友，因為你分享了他的歡樂、分擔了他的憂愁。善於傾聽的人才能夠明白別人的意圖，找到合適的因應之法。善於傾聽，也意味著慎言，避免流言，不傷害自己，也不傷害他人。善於傾聽的人常常會有意想不到的收穫；蒲松齡因為虛心聽取路人的述說而成就了《聊齋志異》，唐太宗因為兼聽而成一代明主，齊桓公因為細聽而善任管仲，劉玄德因為恭聽而鼎足天下。

老天給我們兩隻耳朵一個嘴巴，本來就是讓我們多聽少說的。善於傾聽，才是成熟的人最基本的素質。

專心聆聽別人的光榮與夢想

常言道：好漢不提當年勇。或許是這個世界上的好漢畢竟太少，因此，我們耳邊經常能聽到一些人——特別是中老年人好提自己的「當年勇」。

喜歡炫耀自己的往事，是一般人的心理。這種心理把別人自以為最光榮、珍貴的寶貝打破，真是大煞風景，形似宣戰。如果能理解這種心理，讓對方開心的談，對自己絕對有好處。例如在洽談生意時，不妨讓對方暢談自己的創業史，而你則拚命點頭稱是，表現出敬佩的樣子，在對方獲得心滿意足後，自然可讓賓主皆歡。

除了要專心傾聽別人在現實生活中的光榮外，還要專心傾聽別人在未來的夢想。光榮與夢想，是人最在意的兩件事。

夢想與光榮一樣，神聖不可侵犯，沒有任何東西能替代。平時忙於工作，而這夢想有如強心劑，可為生活帶來無比的希望，鼓勵自己勇往直前。因此，對於別人的光榮與夢想，我們在傾聽時要懷著專心與虔誠的態度。

在傾聽中產生共鳴

傾聽是搞好人際關係的需要。人有兩隻耳朵一張嘴，就是為了少說多聽。不重視、不善於傾聽就是不重視、不善於交流，而交流的一半就是用心傾聽對方的談話。不管你的口才有多好，你的話有多精彩，也要注意聽聽別人說些什麼，看看別人有些什麼反應。俗話說得好：「會說的不如會聽的。」也就是說：只有會聽，才能真正會說；只有會聽，才能更好的了解對方，促成有效的交流。尤其是和有真才實學的人一起交談更要多聽，不僅要多聽，還要會聽。所謂「聽君一席話，勝讀十年書」，大概也正是這個意思吧。

那麼，是不是我們什麼都不說，只一味的去聽呢？當然不是。假如一句話都不說，別人即使不認為你是啞巴，也會認為你對談話一點興趣都沒有，反應冷漠。這樣會使對方覺得尷尬、掃興，不願再說下去。到底多說好，還是少說好呢？這就要看交談的內容和需要了。如果你的話有用，對方也感興趣，當然可以多說；倘若你的話沒有什麼實質內容和作用，還是少說為佳。即使你對某個話題頗有興趣和見解，也不要滔滔不絕，沒完沒了，更不要打斷別人，搶話爭講，因為那樣會招致對方厭煩，甚至破壞整個談話氣氛。

聽話也有訣竅。當某人講話時，有的人目光游離，心不在焉，看錶、修指甲、打呵欠、打電話……這些小動作會給人一種輕視談話者的感覺，讓對方覺得你對他不滿意，不願再聽下去，這樣肯定會妨礙正常有效的交流。當然，所謂注意聽也不是死盯著講話者，而是適當的注視和有所表示。

注意給講話的人以語言暗示，告訴他你在專心的聽。對他所說的話感興趣時，展露一下你的笑容；用「恩、噢」等表示自己確實在聽和鼓勵對方說下去。或者「明白了」、「再講具體一點」、「然後怎麼樣了？」注意，每一個暗示都要簡短，但這足以使講話人深受鼓舞。

提出問題。憑著你所提出的問題，讓對方知道，你是仔細的在聽他說話。而且透過提問，可使談話更深入的進行下去。如：「要如何才能改變這一現狀呢？」、「如果不這樣還有其他好的辦法嗎？」

要巧妙的表達你意見，不要表示出或堅持明顯與對方不合的意見，因為對方希望的是聽的人「聽」他說話，或希望聽的人能設身處地的為他著想，而不是給他提意見。你可配合對方的證據，提出你自己的意見，比如對方說完話時，你可以重複他說話的某個部分，或某個觀點，這不僅證明你在注意他所講的話，而且可以以下列的答話陳述你的意見。如：「正如你指出的意見一樣」、「我完全贊成你的看法」。

在忠於對方所講的話題的基礎上，引導好話題的走向。無論你多麼想把話題轉到別的事情上去，達到你和他對話的預期目的，但你還是要等待對方講完以後，再岔開他的

話題。對方也許是一個不善表達的人，不是短話長說，就是說些與主題無關的話題，甚至連陳年往事也牽扯上了。這樣的談話枝葉太多，漸漸的就會脫離主題。因此聽者此時須予以引導，使談話重上軌道。這是聽者的重要責任，也是聽話技巧之一。記住，是引導而不是指導。

要聽懂對方的意圖，而不僅僅是話語。管理學大師彼得・杜拉克（Peter Drucker）曾經說過：「溝通就是傾聽對方沒有說出來的話。」因此，請細心體會說話人「話裡話外」的意思，並且在抓住事實的同時感受他的情緒。

當一個話題告一段落，你要適時引入新的話題。人們喜歡從頭到尾安靜的聽他說話，而且更喜歡被引出新的話題，以便能借機展示自己的價值。你可以試著在別人說話時，適時的加一句：「你能不能再談談對某個問題的意見呢？」

如果我們把每一次傾聽都當作學習的機會。即便談論的話題一開始顯得很無趣，也請緊跟說話人的思路。而在你學習的同時，你也會獲得談話人的好感與尊重。認真按照這些要求去做，你一定會成為一個成功的傾聽者，成為一個擁有能說會道、魅力四射的高手！

讚美是最好的口德

讚美是一種美德。佛教裡，彌勒菩薩和釋迦牟尼佛本乃同時修行，釋迦牟尼佛因為多修了一些讚美的語言，因此早於彌勒菩薩三十劫成佛。

不要相信真的有不喜歡「奉承話」的人，而疏於對某人的讚美。古時有一個說客，當眾誇口說：「小人雖不才，但極能奉承。平生有一願，要將一千頂高帽子戴給我最先遇到的一千個人，現在已送出了九百九十九頂，只剩下最後一頂了。」一長者聽後搖頭說道：「我偏不信，你那最後一頂用什麼方法也戴不到我的頭上。」說客一聽，忙拱手道：「先生說的極是，不才從南到北，闖了大半輩子，但像先生這樣秉性剛直、不喜奉承的人，委實沒有！」長者頓時手捋鬍鬚，洋洋自得的說：「你真算得上是了解我的人啊。」聽了這話，那位說客立即哈哈大笑：「恭喜恭喜，我這最後一頂帽子剛剛送給先生你了。」

這雖然只是一則虛構的笑話，但誰又能否定我們身邊沒有類似的長者呢？

威廉．詹姆士（William James）說：「人性中最深切的稟質，是被人賞識的渴望」，林肯也說：每一個人都喜歡人家的讚美。在美國芝加哥發生過這樣一個案例：有位丈夫掐死了他的妻子，原因是他對妻子暢談白天所的得意事時，發現妻子竟然睡著了。他感到異常惱怒，竟然失手就將妻子給掐死了。這說明人對被尊重被賞識的渴望是何等強烈。

在百老匯有一位喜劇演員，打拚了很多年，也沒有成就多大的名氣。他做夢都想成名，這樣，他的演出費就會高很多，也不必住在不寬敞的房子裡了。

有一天晚上，他做了個夢：夢見自己成名了，一個星期能掙十萬美元。在夢中，他站在一個大劇院的舞臺上，給坐滿劇院的觀眾表演喜劇。他表演得很賣力，但整個表演過程中他聽不到一絲笑聲，謝幕時全場也沒有一個人鼓掌。

「即使一個星期能賺上十萬美元，」他說，「這種生活也如同下地獄一般。」

說完後，這個演員就醒來了。

沒有肯定與讚揚的演員，賺再高的演出費也如同下地獄。在人生的舞臺上，如果沒有讚揚、掌聲的鼓勵，人們的生活也會如同地獄。所以，我們在每天所到之處，不妨多說幾句肯定別人的話、讚美別人的話，播下一些友善的種子。看到朋友買了一件新衣，不要忽視。稱讚一下穿上去很合身、很精神、很漂亮或者很酷。也可以打聽一下價錢，「遇貨添錢」的傳統讚美手法，永遠都不會過時。

不要說別人身上沒有值得讚美的地方。世上沒有完美的好人，同樣也沒有萬惡的壞人。只要你願意，您總是能夠在別人身上找到某些值得稱道的東西，也總是可能發現某些需要指責的東西，這取決於你尋找的是什麼。一位心理學家曾成功的改變一位被認為不可救藥的兒童，他的方法就是善於發現他值得讚美之處。

孩子的父親說：「這是我見過獨一無二的孩子，簡直沒有一點可愛的品格，沒有一點。」於是，心理學家開始從孩子身上尋找某些他能給予讚美的東西。結果他發現這孩子喜歡雕刻，並且工藝很巧妙，而在家裡他曾因在傢俱上雕刻而受到懲罰。心理學家便為他買來雕刻工具，還告訴他如何使用這些工具，同時讚美他：「你知道，你雕刻的東西比我所認識的任何一個兒童雕刻得都好。」不久，他又發現了這個孩子幾件值得讚美的事情。一天，這個孩子使每一個人都大吃一驚：沒有什麼人要求他，他把自己的房子清掃一新。當心理學家問他為什麼這樣做時，他說：「我想你會喜歡。」

任何事物都有兩面性，明白了這個道理，你就能從別人身上所謂的缺點找到值得讚美的閃光點——

對熱衷鬥嘴的人，可以說：「你說話很有邏輯。」

碰到喜歡囉嗦的人：「你很細心！」

面對敏感的人：「你有藝術氣質。」

對於頑固的人，你可以說：「你很好，是一個有信念的人。」

拿捏好讚美的分寸

在與人交往時，有些人知道竭力恭維、美言別人。他們認為既然人都是喜歡聽好話，那麼不妨多多益善。殊不知別人並不怎麼買好話的賬。讚美並不完全等於善言，讚美適度才是善言。如果錯誤的把讚美當作善言，不分對象、不分時機、不分尺度，在交際中總是千方百計、搜肚刮腸找出一大堆的好話、贊詞，甚至把阿諛當作善言，那麼常常會事與願違。

要如何準確的掌握讚美，使讚美恰如其分而不失度的成為真正的善言，取得事半功倍的效果呢？

- **因人而異，使讚美具有針對性**：讚美要根據不同人的年齡、性別、職業、社會地位、人生閱歷和性格特徵進行。對青年人應讚美他的創造才能和開拓精神；對老年人則要讚美他身體健康、富有經驗；對教齡長的教師可讚美他桃李滿天下，對新教師這種讚美則不適當。
- **借題發揮，選擇適當的話題**：讚美本身不是目的，而是為自薦創造一種融洽的氣氛。比如看到電視機、電冰箱先問問其性能如何；看到牆上的字畫就談談對字畫的欣賞知識，然後再借題發揮的讚美主人的工作能力和知識閱歷，從而找到雙方的共同語言。

· **語意懇切，增強讚美的可信度**：在讚美的同時，準確的說出自己的感受，或者有意識的說出一些具體細節，都能讓人感到你的真誠，而不至於讓對方以為是過分的溢美之詞。如讚美別人的髮式可問及是哪家理髮店理的，或說明自己也很想理這樣的髮式。美國前總統羅斯福在讚揚英國前首相張伯倫時說：「我真感謝你花在製造這輛汽車上的時間和精力，造得太棒了。」總統還注意到了張伯倫曾經費過心思的一個細節，特意把各種零件指給旁人看，這就大大增強了誇讚的誠意。

· **注意場合，不使旁人難堪**：在多人在場的情況下，讚美其中某一人必然會引起其他人的心理反應。假如我們無意中讚美了某職稱晉升考試成績好的人，那麼在場的其他參加考試但成績較差的人就會感到受奚落、挖苦。

· **措辭適當，不使人產生誤解**：在現實生活中往往會出現這樣的事情，說話者好心，而聽話者卻當成惡意，結果弄得不歡而散。我們要盡量使讚美的語意明確，避免聽話者多心。

・**適度得體，不要弄巧成拙**：不合乎實際的讚美其實是一種諷刺，違心的迎合、奉承和討好別人也有損自己的人格。適度得體的讚美應建立在理解他人、鼓勵他人、滿足他人的正常需要及為人際交往創造一種和諧友好氣氛的基礎之上。

招人反感的七種話

酒逢知己乾杯少，話不投機半句多。話說得有水準，自然招人喜歡。那惹人反感的談話方式表現在哪呢？

首先，喋喋不休的話。在與人交談中，總將自己放在主要位置，自始至終一人獨唱主角，喋喋不休的推銷自己，滔滔不絕的訴說自己的故事。有個名人說過，漫無邊際、喋喋不休無疑是在打自己付費的長途電話。這樣不但不能表現自己的交談口才，反而令人生厭。「一言堂」不能交流思想，不能增進感情。交談時應談論共同的話題，長話短說，讓每個人都充分發表意見，留心別人的反應，這樣才能融洽氣氛，眾情相悅。

其次，逢人訴苦，散播悲觀情緒的話。在人的生涯中，每個人都會遇到挫折和苦難，但每個人對待的方式不同，有的人迎難而上，有的人知難而退，有的人卻將苦難帶來的愁苦傳染給別人，在眾人面前條陳辛酸，以獲同情。交流中一味的訴苦會讓別人覺得你沒魄力，沒能力，會失去別人對你的尊重。

第三，無事不通，顯得聰明過人的話。言談中，談話的內容往往涉及天文、地理、歷史、哲學等古今中外、日月經天、江河行地般的話題。如果在交談中表現「萬事通」、「耍大能」，到時定會打自己的嘴巴，砸自己的腳。因為交談是相互了解、相互交流的方式，而不是表現學識淵博、見識廣泛的舞臺。更何況老子曾說過：「言者不知，知者不言。」交談中什麼都說的人未必什麼都知道。

第四，空話套話，就是不講實話。大多數的孩子都喜歡肥皂泡，被吹出來的肥皂泡在陽光下閃耀著色彩豔麗的光澤，實為美妙。隨著五彩泡泡的不斷升高，接著一個接一個紛紛破碎。所以人們常把說空話喻為吹肥皂泡，真是恰當不過。對一些充滿各種動聽、虛幻誘人的詞句，細細咀嚼即沒有任何實在的內容，是遲早會破滅的。

說話的目的是為交流思想，傳達感情。因此，交談總得讓對方知道你心中要表達的是什麼。只要開口，不管是洋洋萬言，還是三言兩語，不管話題是海闊天空，還是一問一答，都應使人一聽就懂。一些人慣用一些現成的套話來代替自己的語言。三句話不離套詞，顛來倒去那麼幾句，既沒有思想性，更沒有藝術性，令人聽後形如嚼蠟。

有個節目，叫「實話實說」。其受觀眾喜歡就是因為說實話，不說空話套話。

第五，武斷的話。武斷是交談的毒藥，如果你開口「當然」、閉口「絕對」，那別人還有什麼話可說呢？

所以，你要盡可能避免說這樣的話：「所有的政治，都是欺騙。」「所有的戰爭都是罪惡。」「所有的女人都是弱者。」像這樣的話，不但使你顯得偏激，而且也不符合事實。在你的語句中，要多用一些這類字眼：「有的人……」「有的時候……」「可能」「也許」「或者」……給你的意見或判斷略為加一些限制，留一點餘地。在說完自己的意見之後，也不妨問一問對方：「這是我個人的看法，你覺得怎樣？」或者說：「我可能有錯，我希望知道你的看法。」

更重要的是，要警惕自己不要用一種非常肯定的語調來講話，好像大將軍發布命令似的。不管你說什麼，這種腔調別人一聽就不舒服，就覺得你把自己得太高了。這種把自己放在一切人、一切事之上的態度，不久就會使你陷於完全孤立的地位。

第六，質問的話。談話時習慣質問對方的人，多半胸襟狹窄，好吹毛求疵，與人為難，或性情孤僻，或自大好勝，所以即使在說話小節上，也把他的品格表現出來。其實，除了在不得已的場合如在法庭上辯論之外，質問的對話方式是大可不必採用的。如果你覺得意見不對，你不妨立刻把你的意見說出來，何必一定要先來個質問，使對方難堪呢？

例如，甲：「昨天我想是今年以來最酷熱的一天了。」乙：「你怎會這麼說呢？」

對方雖然說錯了，但你何必要先給他一個難堪的質問呢？你既知道昨天熱度不過攝氏三十四度而前天卻達到攝氏三十五度，那麼你就說出來好了。先質問，後解釋，猶如先向對方打了一拳，然後再向他解釋一樣。這一拳，足以破壞雙方的情感。被質問的人往往會被弄得不知所措，自尊心受到很大的打擊，如果他也是個脾氣不好的人，必會惱羞成怒，而激起劇烈的爭辯。

矯揉造作也是較為常見的一個小毛病。它有多種形式的表現，有的人喜歡在交談中加進幾句英文或法文；有的人喜歡在談話中加進幾個令一般人難以理解的學術性的名詞；有的人喜歡把一些流行的縮寫詞掛在口頭；有的人又喜歡引用幾句深奧的名言，放在並不適當的地方。這會讓人覺得你在賣弄知識，故作高深，還不如自然、平實的言語更容易讓人接受。

刻薄的話堅決不說

一則法國諺語說：「語言造成的傷害比刺刀造成的傷害更讓大家感到可怕。」布雷姆夫人在其《家》一書中說：「老天爺禁止我們說那些使人傷心痛肺的話，有些話語甚至比鋒利的刀劍更傷人心；有些話語則使人一輩子都感到傷心痛肺。」

在我們身邊，經常會遇到這樣一些人：長著一張能說會道的利嘴，可用錯了地方，嘴損，尖酸刻薄，說話不講情面，給人不留絲毫餘地。在社交中，只要誰得罪了他，他可要鼓起如簧之舌，喋喋不休，不遺餘力的對人極盡冷嘲熱諷、惡毒攻擊。這種尖酸刻薄的人通常有兩種類型，低級別的和高級別的。

所謂低級別的，除了心胸狹窄「長舌婦」之外，最常見的就是那些沒心沒肺的「莽漢」。前者是處心積慮來傷害別人，後者是無心之錯，想啥說啥，可是說完就忘。

案例重播 一個樵夫在砍柴時，救了一頭被機關卡住的母熊。母熊非常感激樵夫，對他說：「您是我的救命恩人，如果有什麼需要我幫助，我會盡力而為。」

一次上山砍柴，樵夫遇見了老虎，幸虧熊捨命相救，方才躲過一劫。那天因為天色已晚，熊邀請樵夫到了熊窩，安排他住了一宵，並以豐盛的晚餐款待了他。翌日清晨，樵夫起身走。熊吻了吻樵夫，說，「原諒我吧，兄弟，沒有能好好的招待您。」

「不是這樣的，」樵夫回答，「招待得很好，只是我唯一不喜歡的一點，就是你身上那股臭味。」

熊聽了怏怏不樂。她對樵夫說：「拿斧子砍我的頭。」樵夫舉起斧子輕輕打了一下。

「砍重一點！」熊說完，搶過樵夫的斧子使勁砍了一下，鮮血從熊頭上迸出來，熊沒吭聲，樵夫就走了。

若干年後，樵夫在砍柴時遇見了熊。樵夫問：「你的傷口癒合了嗎？」

「什麼傷口？」熊問。

「我打你頭留下的傷口。」

「噢，那次痛了一陣，後來就不痛了，傷口癒合後，我就忘了。不過那次您說的話，就是您用的那個詞，我一輩子也忘不了。」

尖酸刻薄的話，傷在人的心上，是看不見的暗傷。看得見的明傷好治療，看不見的暗傷難痊癒。嘴上損人是需一句話，別人記恨或許是一輩子。良言一句三冬暖，惡語幾字六月寒。某高僧在給其弟子的一封信中寫道：「禍從口出而使人身敗名裂，福從心出而使人生色增光。」它的意思是：有時說話的人並無惡意，但對聽者而言，卻可能是傷及其自尊心的惡語，所以勸誡人們，說話應謹慎，只說該說的話。

我們再來看看高級的嘴損。這些人有一定知識層次的人，這種人看上去全不像潑婦和莽漢那樣沒素質、缺乏教養，可要損起來卻十個潑婦抵不上他：潑婦的無非是匹夫之勇，而他卻是智者之謀。這類人最大的特點是：不露聲色，娓娓道來，轉彎抹角，可結果卻是讓別人狗血噴頭。

一八二五年，沙皇尼古拉一世剛剛登基，就爆發了一場反對他的叛亂。尼古拉一世平定了這場叛亂，並將抓獲的叛亂領袖李列耶夫判處絞刑。

在行刑的那一天，發生了一件奇怪的事情。李列耶夫在絞刑架上還沒有斷氣，勒在脖子上的繩索居然斷裂了！

在當時，執行絞刑時的繩索斷裂被當成是上帝恩寵的旨意，犯人因此能夠得到赦免。

李列耶夫在恍惚中摔落在地，他睜開眼睛，看了看四周驚訝無比的圍觀者。在確信自己保住了性命後，李列耶夫掩蓋不住內心的喜悅，興奮的對著人群大喊：「你們看，在俄國他們不懂得如何正確做任何事，甚至連製造繩索也不會。」

一名信使立刻前往宮殿向沙皇報告行刑失敗的消息。雖然懊惱於這令人失望的變化，尼古拉一世還是依照慣例提筆簽署赦免令。

「奇蹟發生之後，李列耶夫有沒有說什麼？」沙皇好奇的問信使。

「陛下，」信使便回答，「他說俄國人甚至不懂得如何製造繩索。」

「哦？這種情況下，」沙皇頓了頓，說，「我們有必要證明事實正好相反。」

於是沙皇撕毀了赦免令。

第二天，這個叫李列耶夫的幸運兒再度被推上絞刑臺。很顯然，這一次他的好運氣不會在來了，行刑人為他準備了一條足可以吊死一頭大象的繩索。

禍從口出，李列耶夫其實是死於自己他刻薄的嘴下。不知道第二次站在絞刑架下的李列耶夫，是否會後悔當初的刻薄。

在我們身邊，說話尖酸刻薄的人並不少見。這類人中甚至有的人其實是「豆腐心」，只是管不足自己開合的嘴，讓刀子從嘴裡一把一把的飛出來。為什麼要字字句句直逼對方的要害呢？是為了突出自己的伶牙俐齒，還是為了顯示自己的權威？

馬克．吐溫曾說，我可以靠別人對我說的一句好話，快活上兩個月。——這是極有意思的。其實，你我又何嘗不是如此呢？既然我們的一句好話，就可能贏得人心，那麼我們何不一試呢？須知，這也是在幫助我們自己啊！

第五章　誰不喜歡幽默的人呢

幽默的魅力，彷若空谷幽蘭，你看不到它盛開的樣子，卻能聞到它清新淡雅的香味；幽默的魅力，又如美人垂簾，人不能目睹美人之芳華，卻能聽到美人的聲音，間或環佩叮咚，更引人無限遐思……

幽默是一種超群的魅力，是一種高尚人格。他們用幽默來使自己開心，使自己精神超脫塵世的種種煩惱；用幽默來增加活力，使生活多一點情趣；用幽默來散播快樂，給人以歡笑、友愛與寬容——不僅僅如此，他們還用幽默潤滑嚴酷的現實機器，超越用其他方法所無法超越的限制。

「讓我們努力生活，多給別人一些歡樂。這樣，我們死的時候，連殯儀館的人都會感到惋惜。」——馬克．吐溫

「幽默增強了我們生存的意義，保持了我們清醒的頭腦。由於幽默，我們在變幻無常的人生中可以較少受到打擊。」——愛默生

幽默讓人如沐春風

一個具有幽默感的人，能時時發掘事情有趣的一面，並欣賞生活中輕鬆的一面，建立起自己獨特的風格和幽默的生活態度。這樣的人，容易令人想去接近；這樣的人，使接近他的人也分享到輕鬆愉快的氣氛，這樣的人，更能增添人的光彩，更能豐富我們生活的這個社會，使生活更具魅力，更富藝術。

幽默的用心是愛，而不全是諷刺。真正的幽默是從內心湧出，更甚於從頭腦湧出。

早期的火車並沒有空調設備，乘客又不能隨意打開車窗，因為蒸汽車頭的煤煙，隨時可能飄進車廂中，將每個人弄得灰頭土臉。尤其在炎熱的夏天，搭乘火車旅行，對當時的人們來說，真是苦不堪言的差事。就在這樣一班炎夏的火車上，車廂中的每個乘客悶熱難當，一陣陣汗臭飄在車廂之中，任誰也沒有勇氣去打開車窗，窗外是更要命的煤煙。

時間已過正午，當時餐車尚未發明，只有等待火車靠站時，向月臺上的小販購買。緊閉的車廂中，悶熱加上饑餓，汗水和焦躁呈現在每個人的臉上，抱怨聲此起彼落，車廂中除燥熱不安外，又變得嘈雜紛亂。

突然，又傳來一聲小女孩的尖叫：「媽，弟弟咬我——」眾人緊繃的神經，不由得繃得更緊了，準備接受連珠炮似的母親責罵聲。

在一瞬間的沉靜當中，只聽到溫柔的聲音響起：「喔，從你手臂上的齒痕看來，弟弟是真的餓慌了。再忍耐一下，等火車靠站，媽媽買東西給你們吃，好嗎？」

車廂內霎時變得清涼了許多；乘客焦慮的臉上，也多了一絲甜甜的笑容。

幽默不一定是令人捧腹的笑話，有時一個眼神、表情，一句簡短的提醒，就能達到極度幽默的效果。好的幽默，帶有溫馨與關懷且令人微笑。也許你是個身居要職的官員，所以你不願同看門老人一同笑；也許你是個博學之士，因而不欣賞智力平平的人。這實際上是你自己切斷了同這個世界的連繫面，你的身分、地位對人性的需要毫無用處，當然，你也就失去了本應交往、接觸的社會面。

用笑來面對日常生活中引起我們不快的小事情，不快的情緒就會消失。借著笑的分享，你就可以把瑣細的問題擺在適當的位置，它和你整個生活相比就顯得很微小了。你也會因此提醒別人，這有助於他們輕鬆的面對失意，你會使他們重振精神。

當你在等待的時候，也可以創造幽默與他人共用。當你在超級市場的結帳出口或銀行大排長龍的時候，是和其他人一樣等得焦躁不安、暴跳如雷呢，還是拿出幽默的力量與別人分享呢？

「笑果」好極了

在人際交往中，常常會有互動的齒輪乾澀的時候出現。這時，幽默是最理想的潤滑劑，它能使僵滯的人際關係活躍起來。幽默還是緩衝裝置，可使一觸即發的緊張局勢頃刻間化為祥和；幽默又是一枚包裹了棉花團的針，帶著溫柔的嘲諷，卻不傷人。總之，幽默是營造良好人際關係的利器。那些具有幽默性格的人，所到之處皆是一片愉悅和融洽的氣氛，誰都願意和他們交往，他們和大家的關係在不知不覺中變得是那樣的和諧。

笑是一株能結出豐盛果實的樹，笑過之後的效果好極了。也許有人會問：哪些話容易形成幽默，給人帶來笑聲呢？

奇特的話使人開心而笑

幽默的最簡單的表現方法就是令人驚奇的發笑。康得所講的「從緊張的期待突然轉化為虛無」，正是來自幽默的結構常常能造成使人出乎意外的奇因異果。例如，爸爸對兒子說：「牛頓坐在蘋果樹下，忽然有一個蘋果掉下，落在他的頭上，於是，他發現了萬有引力定律。牛頓是個科學家！」「可是，爸爸，」兒子從書堆中站了起來，「如果牛頓也像我們這樣整天放學了還坐在家裡埋頭看書，會有蘋果掉在他頭上嗎？」本來爸爸是講牛頓受蘋果落地的啟示，但兒子卻冷不丁冒出一句含有不應該埋頭讀書的結論，真是出乎意外，超出常理。兒子的話在邏輯上是不合常理的，但這樣的話新奇怪異，使人大大出乎意料，所以能引來別人的笑。相信故事中的爸爸在笑過之後，對於自己的教育方式會有所反思。

幽默就是要能想人之未想，才能出奇致笑。有人說：「第一個把女人比喻成花的是智者，第二個把女人比喻成花的是傻瓜。」這句話似乎有點偏激，但新奇、異常的確是幽默構成的一個重要因素。

巧妙的話使人會心而笑

運用幽默的核心是應該有贏得使人讚嘆不已的巧思妙想，從而產生令人欣賞的歡笑。俗話說：「無巧不成書。」巧可以是客觀事實上的巧合，但更多的是主觀構思上的巧妙。巧是事物之間的某種連繫，沒有連繫就談不上巧。如果能在別人沒有想到的方面發現或建立某種連繫，並順乎一定的情理，就不能不令人賞心悅目。

比如說，老師：「亨利，你們在班上用得最多的三個字是什麼？」亨利：「不知道。」老師：「回答得完全正確。」這是一則很值得回味的致笑力很強的幽默小品。你可以笑老師的糊塗：亨利說不知道，這是他在告訴老師不知道老師的問題，老師為何還說他正確？你也可以這樣理解自己發笑的原因：亨利回答得歪打正著，他的「不知道」正巧合了答案「不知道」，老師則將錯就錯、移錯為對，倒是一種挺幽默挺機智的裁定方式。你也可以這樣認為：我之所以發笑，因為我此時此刻從「不知道」這一個語形上雙關到亨利的不知道與「不知道」那三個字這麼兩種性質截然不同的情景，即由雙關心理而發笑。其實，怎麼發笑都是有理由的，因為這個幽默本身就是一種「巧」的構成，本身就令人賞心悅目，我們可以從多角度分析，有多種取向。當然，這裡有一個層次深淺的問題。

接下來的兩個故事也是以回答巧妙而產生幽默效果的：某學生的英語讀音老是不準，老師批評他說：「你是怎麼搞的，你怎麼一點都沒進步呢？我在你這個年紀時，已經讀得相當準了。」學生回答：「老師，我想原因一定是您的老師比我的老師讀得好。」學生乙參加一次考試，老師問他：「你是願意答一道難題，還是願意答兩道簡單的題？」學生答：「還是答一道難題吧。」「好，請你回答：糧食是怎麼來的？」「超市買來的。」「那麼超市的糧食又是從哪來的呢？」「對不起，老師，這已經是第二道題了。」

荒誕的話使人會心而笑

運用幽默的內容是往往要含有使人忍俊不禁的荒唐言行，從而使人情不自禁的發笑。俗話說：「理不歪，笑不來。」荒謬的東西是人們認為明顯不應該存在的東西，然而它居然展現在我們面前，不能不激起我們心靈的震盪，發笑。張三的女兒周歲那天，有上門祝賀的朋友開玩笑說閨女長大了給他兒子做老婆，兩家結成兒女親家算了。指腹為親在新時代當然已經只是一種玩笑而已，當不得半點真，張三答應下來無傷大雅，粗暴拒絕則有看不起對方之嫌。但張三居然巧妙的拒絕了，他說：「不行不行，我女兒才一歲，你兒子就二歲了，整整大了一倍，將來我女兒二十歲，你兒子就四十歲了，我幹嘛要找個老女婿！」

風平浪靜的水面，投進一塊石頭，就會一下子發出響聲。常規思維的心理，被超常的資訊攪擾，也會引起心波蕩漾、心潮起伏、心花怒放。奇異、巧妙、荒謬就是這種超常的資訊，就是幽默之所以致笑的要因，也是我們學會幽默應掌握的要訣。

我們說幽默的形式有多種多樣，既有愉悅式幽默、哲理式幽默，也有解嘲式幽默、譏諷式幽默。為了達到幽默的禮儀效果，對同志、對朋友宜多用愉悅式幽默和哲理式幽默，對自我、對友人也可根據情況適當運用解嘲式幽默，對待敵人、惡人則要用諷刺性幽默，以便在幽默譏諷中，給對方以鞭撻。

生活中幽默的使用還必須根據具體情況具體分析，尤其是對於長輩、女性、初次相識的人，幽默一定要慎用。同時，幽默要注意「度」，一旦過了頭，就可能被對方誤解為取笑與譏諷而造成不愉快。

活躍交談氣氛的絕招

當氣氛陷入呆滯時，如何讓生澀的溝通再次順暢起來？

在一次有關產品開發方向的會議中，火爆的爭論之後，突然出現沒有人發言而陷入冷場的僵局，主持會議的王經理忙說了一句：「怎麼突然停電了？」短暫「停電」的各位與會人員聽了，皆莞爾一笑，之後繼續各抒己見。

幽默是活躍談話氣氛的法寶，它能博得眾人的歡笑。人們在捧腹大笑之際，超脫了習慣、規則的界限，享受不受束縛的「自由」和解除規律的「輕鬆」，接下來的溝通自然會輕鬆愉快。

很多時候，那些畢恭畢敬的夫妻未必就沒有矛盾，而平日吵吵鬧鬧的戀人可能會更親熱。社交也是如此，若彼此談得開心，開句玩笑，互相攻擊幾句，打一拳、拍兩下，反倒顯得親密無間、無拘無束。

和朋友久別重逢後不免寒暄一番，你完全可以借此幽默一把。例如見到一個戴了帽子的朋友，你可以用羨慕的口氣對他說：「老兄你真的是帽子向前，不比往年啊。」輕鬆幽默的高帽子立馬使整個氣氛變得異常活躍，友情會加深一層。

社交需要莊重，但長時間保持莊重氣氛就會使人精神緊張。寓莊於諧的交談方式比較自由也比較輕鬆，在許多場合都可以使用。用幽默、詼諧的語言，同樣可以表達較重要的內容。

交談中，不時穿插一些意想不到的、貌似荒謬而實則有意義的問題，是很好的一種活躍氣氛的形式。那些一本正經的人會給人古板、單調、乏味的感覺，也會把交談變得索然無味。也許會有人時常問你一些荒謬的問題，如果你直斥對方荒謬，或不屑一顧，

不僅會破壞交談氣氛、人際關係，而且會被人認為缺乏幽默感。因此，答非所問，是一個極好的解決這類問題的辦法。

在相聲裡，懸念是相聲大師的「包袱」。交談中有意製造懸念，會使人更加關注你的一舉一動。當大家精力集中、全神貫注時，你抖開「包袱」，讓人們發覺這是一場虛驚，大家都會付之一笑，報以掌聲。

運用反話正說的方法，重要的一點在於處理好一反一正的關係。在交談中，準備對對方進行否定時，卻先來一個肯定，也就是在表達形式上，好像是肯定的，但在肯定的形式中巧妙的蘊藏著否定的內容。正說時要一本正經，煞有介事，使對方產生聽下去的興趣。然後，再以肯定的形式抖出反話的內容，與原先說的正話形成強烈的對比，從而產生鮮明的諷刺意味，讓人信以為真，增加談話的效果。

反話正說能引人入勝，正話反說也頗意味深長。正話反說，就是對某一話題不作直接的回答或闡述，卻有意另闢蹊徑，從反面來說，使它和正話正說殊途而同歸。這樣便可以避免正面衝突，含蓄委婉，入情入理，收到一種出奇制勝的勸諭和諷刺效果。有時正話反說的曲折手法，可使人們在輕鬆的情境中相互溝通，使緊張的局面得到緩解。

自我解嘲，顧名思義就是自己嘲諷自己，調侃自己，這也是正話反說的一種。它是一個人心境平和的表現。它能製造寬鬆和諧的交談氣氛，能使自己活得輕鬆灑脫，使人感到你的可愛和人情味，從而改變對你的看法。美國一位身材肥胖的女士曾經這樣自我解嘲：「有一次我穿上白色的泳裝在大海裡游泳，結果引來了蘇聯的轟炸機，以為發現了美國的軍艦。」引得聽眾哈哈大笑。結果，肥胖成為她的特點，使她在社交中處於優勢。在交談中，適時適度的「自嘲」，調侃一下自己往往會收到妙趣橫生、意味深長的效果。

健全人格需要幽默感

有幽默感，這句話可以認為是對人極高的讚賞，因為他不僅表示了受讚美者的隨和、可親，能為嚴肅凝滯的氣氛帶來活力，更顯示了高度的智慧、自信以及與適應環境的能力。

在一列快速行進的地鐵車廂裡，某人客氣的彎腰對身旁的一位年輕時髦的女士說：「車廂真黑，請允許我為您找吊環扶手吧！」

「不客氣！」那位女士冷冰冰的說：「我已經有吊環扶手了。」

「那麼，請您放開我的領帶吧！？」這個人氣喘吁吁的說。

關於上班族上下班的擠車的幽默著實不少。特別是早上上班的高峰期，車裡的人希望車外的人不要再進來，好快點開車；車外的人卻拚了老命也要擠進去，以免上班遲

到。擠呀擠的，車門面前是一片人海，公車經常因無法關門只得等候。如果恰逢炎熱的夏天，車裡車外的人心裡難免更加煩躁。因此，我們經常可以減到擁擠的公車出現乘客之間的糾紛。有這麼一位瘦瘦的老兄，在早班車車上被擠得實在無奈了，可是早上急著上班的人還是拚命的往沙丁魚似的車廂裡擠。汽車遲遲不能開動，車裡的人開始對車門口阻礙關車門的人有意見了，而車門口的人也自然有他們自己的理由。眼看雙方的言辭開始有了火藥味，這位瘦瘦的老兄忍不住大叫：「別擠啦，再擠我就成了相片啦！」就這一句話，引起了大家的會心一笑。伴隨著笑聲，車裡的人的氣消了不少，車門口堅持要擠進來的人也下了車等下一班。

一張笑臉是如此可愛，能使人聯想到盛開的鮮花與火紅的朝陽，它可以給人溫馨和美的感受。笑可以使男人變得親切，使女人更加嫵媚。笑的魅力誘人，在日常生活中不可或缺，就如同世界不能沒有陽光一樣。

在社交場合，說話帶些風趣和幽默，更能表現出一個人的修養和禮儀，也表示出其獨特的人格魅力。

譬如，在一次盛大招待宴會上，服務生倒酒時，不慎將酒灑到了坐在邊上的一位賓客那光亮的禿頭上。服務生嚇得不知所措，在場的人也都目瞪口呆。而這位賓客卻微笑著說：「老弟，你以為這種治療禿頂的方法會有效嗎？」

會場中的人聞聲大笑，尷尬場面即刻打破了。借助「自嘲」，這位賓客既展示了自己的大度胸懷，又維護了自我尊嚴。

美國第六任總統，亞伯拉罕．林肯也是一個善於運用幽默化解尷尬的高手。有一次，林肯正在演講時，一個青年遞給他一張紙條。林肯打開一看，上面只有兩個字：「笨蛋」。林肯的臉上掠過一抹不快，但他很快便恢復平靜，笑著對大家說：「本總統收到過許多匿名信，全都只有正文，不見寫信人的署名；而今天正好相反，剛才這位先生只署上了自己的名字，卻忘了寫正文。」

有時，身邊的人提出一些你無法接受的要求，假若生硬的拒絕，就容易傷害彼此之間的感情，而運用幽默，則能使人避免這樣的情況發生。

能夠幽默者大多有寬闊的胸襟與練達的智慧。有一次，俄羅斯大文豪托爾斯泰去火車站迎接一位來訪的朋友。在月臺上，他被一個剛下車的貴婦人誤認為是搬運工，便吩咐托翁到車上為她搬運箱包。托翁毫不猶豫的照辦了，貴婦人付給了托翁五個戈比。此時，來訪的朋友下車見到托翁，趕忙過來同他打招呼，站在一旁的貴婦人才知道這個為她搬行李的人竟是大名鼎鼎的托爾斯泰。貴婦人十分尷尬，頻頻向托翁表示歉意並請求收回那五個戈比，以維護托翁的尊嚴。不想托翁卻表示不必道歉，和藹的對貴婦人說，無需收回那五

個戈比，因為那是我應得的報酬。雙方的尷尬頓時化解在輕鬆的歡笑聲中。

幽默也表現出一個人的氣量大小。一位出版社編輯，當別人笑稱他聰明透頂時，居然指著自己的光頭笑答：「不，早就絕頂了！」你想，若不是他有相當的自信，怎麼可能將就別人的話，幽自己一默呢。

相反的，另一個禿頭者在別人對他的禿頭幽默時，則勃然變色，這一方面可能是因為對方幽默不得體，刺傷了他，更可能是因為他原本對自己的禿頭有極大的自卑。

越是豁達、自信的人，越是富有幽默感；越是自卑、自閉的人，越難以容忍幽默的存在。無趣的人並不一定是沒有幽默的智慧，而是沒有幽默的胸襟；不是因為強烈的自尊，而是因為色厲內荏的自卑。所以，幽默感應該是健全人格的重要條件。

幽默賦予你以人情味

做人，不能沒有人情味。一個沒有人情味的人，無論其他方面如何超凡絕倫都是面目猙獰。

人情味是什麼？要準確的定義還真不是一件容易的事情。抽象的說：人情味是人類情感互動的一種表現，引起他人的情感上共鳴，或使他人感到溫暖。人情味有一種說不出的滋味，是一種意味深長，耐人尋味的情感。

俗話說：「人非草木，焉能無情？」一個沒有人情味的人，如同草木般獨自枯榮一世。人情味是一種複雜的混合味道，其中至少包含善良、熱心、真心、體貼、活潑。幽默或許可以不是人情味的分子，但它一定是傳達人情味的最佳載體。

有一天，詩人海涅（Christian Johann Heinrich Heine）正在伏案寫作，突然郵差送來一個包裹。海涅打開一層又層、有N層的包裹，最後見到的只是一張小紙條，上面只有一句話：「親愛的海涅，我健康而快活，衷心的致以問候。你的梅厄。」幾天以後，梅厄先生也收到海涅的一個郵包，那郵包很重，梅厄雇一個腳夫幫他扛到家，打開一看，竟是一塊石頭，還有一張便條，上面寫道：「親愛的梅厄，看了你的信，我心裡這塊石頭才落地，我把它寄給你，以紀念我對你的愛。你的海涅。」海涅和他的好友透過幽默的手段，互相傳遞了誠摯的朋友之情，即有趣，又感人。

有個男孩吵著要爸爸給他買把玩具噴火槍，爸爸沒有馬上生硬的訓斥孩子，而是溫和他說：「不行啊，這個月你的軍費開支已經超過預算了，再買噴火槍，你媽媽就要成噴火槍了。」父母與孩子之間的關係是屬於「雙連關係」，一旦「話不投機」，關係就會弄僵。而用幽默溝通的方法則是一種至趣、至情、至理、至智的高級手段，雙方都能

接受。因為幽默不但有笑，裡面總帶啟慧的愛意，無形和對方心靈相融，產生強烈的情感共鳴。小兒子有一天忽然問爸爸：「爸爸，在你還是小孩的時候，你爸爸打過你嗎？」「當然，他打過我。」他爸爸說。「那麼，當他是小孩時，他爸爸打過他嗎？」「當然，他爸爸打過他。」爸爸笑著說。小兒子想了一會後對他爸爸說：「爸爸，假如你願意和我合作的話，我們可以中止這種惡性循環的暴力行為。」這樣的幽默感在兩代人之間就建立了一種平等關係。在和下一代的交往中運用幽默，能使他們感到他們人格被尊重，有利於培養他們的信心，使他們覺得父母、長輩並不是居高臨下的向他們發號施令，而是把他們當朋友一樣的看待，增強了他們的平等意識、民主意識。同時，透過幽默來教育、幫助他們，比用別的方法更能令人接受。

有一個長年在外工作的人，長久沒有和家裡連繫了。一天半夜，刺耳的電話鈴聲攪醒了他的美夢。他不耐煩的拿起話筒，原來是母親打來的電話，告訴他今天是他的生日，兒子有些惱火的說：「你深更半夜打電話就是為了告訴我這件事情嗎？」母親溫和的在電話中對兒子說：「孩子，三十年前的這個時候，也是你把我折騰醒的。」母親運用幽默的方法，善意的表達對子女的關心，也讓子女了解到自己的錯誤，這種獨特且富有人情味的教育方式，做子女的是難以忘記的。

幽默在社交中的作用

社交是一個廣義概念，泛指人的一些社會交往與連繫。要想生活與事業雙豐收，就得擁有一個良好的社會關係網——用現代時髦的詞叫「人脈」。而要想擁有一張良好的社會關係網，就離不開優秀的社交本領。社交的成功，意味著彼此喜歡、彼此信任，並願意互相幫助、互相支持。而要想取得社交的成功，方法、因素固然很多，但幽默的作用卻是任何別的方法和因素都無法代替的。

法國作家小仲馬浪漫風流，一次與朋友們逛妓院（基於時代的原因，我們不能因此質疑其道德），朋友們當著兩個名妓的面，為哪個妓女更美麗而爭論來爭論去。兩個名妓一位身段妙不可言，另一位面容如花似玉，爭論似乎沒有結果。最後，朋友們讓一聲不吭的小仲馬作裁奪。「你最喜歡哪一位呢？」他們問。「我最喜歡帶第二位出門，帶第一位回家。」小仲馬輕鬆寫意的將這個難題解開，令所有在場的人都無不信服並為之讚嘆。對於小仲馬這種幽默，我們除了像周星星同學似的感嘆「I服了YOU」之外，找不出更恰當的致敬之語了。

幽默是社交之中的潤滑劑，能使難解的麻紗順利解開，還能使激化的矛盾變得緩和，從而避免出現令人難堪的場面，化解雙方的對立情緒，使問題更好的解決。小劉追

求一個叫若蘭的女孩，但若蘭對他似乎不太感冒。在一次上門拜訪時，若蘭的母親在門口擋駕，告訴小劉說：「對不起，若蘭今天不在家。」小劉明明看到若蘭在他下車時正好倒了垃圾回了家，但他沒有點破：「沒關係，那麻煩伯母告訴她，我今天沒有來。」感情的事是全世界最說不清道不明的事，一個拒絕某男一百次的女孩，很可能在第一百零一次被打動而繳械投降——這種例子比比皆是。小劉這樣幽默的處理殘酷的拒絕，不僅給雙方留足了面子，給自己留了後路，還表明了自己輕微的不滿，更傳遞了自己幽默的氣質——這是一種多麼討人喜歡的氣質啊。相信若蘭的母親聽了會心中莞爾，若蘭聽了之後也會覺得有趣。追女孩子本身就累，特別是追一個對自己沒有感覺的女孩子。讓對方覺得自己有趣，又何嘗不是萬里長征中的一步？

當我們需要把別人的態度從否定改變到肯定時，幽默力量具有說服效果，它幾乎是一種有效的處方。」他還講道：「幽默幫助你解決社交問題。當你希望成為一個克服障礙、贏得他人喜歡和信任的人時，千萬別忽視這種神祕的力量。

幽默不僅能克服矛盾的衝突，而且還是心靈溝通的藝術。人們憑藉幽默的力量，打碎自己的外殼，主動的與人交往，觸摸一顆顆隔閡的心，透過幽默使人們感受到你的坦白、誠懇與善意。在嚴肅的交談和例行公事般的來往中，往往給人一種戴著假面具的感覺，也似乎只能讓人了解你的外表，卻無法探知你的內心，這樣的交流是極難深入下去的，而沒有心靈溝通的社交，不能算是成功的社交。幽默可以讓人們看到你的另一面，一個似乎是本質的、人性的、純樸的一面，這是人性的共同之處。

在現代社會生活中，各種以娛樂活動為目的的集體或是出於興趣、愛好而組成的團體，成了現代社會中人們相聚，彼此溝通、互相滿足的小社會。在這些社團中，不論是普通成員還是核心人物，都能從幽默的力量中深受益處，也能以自己的幽默感贏得大家的歡迎。

總之，幽默是社交成功的法寶。運用幽默的力量，我們就能透過成功的社交，走上成功的道路。

幽默的人朋友多

俗話說：在家靠父母，出門靠朋友。能夠多交一些朋友，常與朋友交談、聊天，就會心胸開闊，資訊靈通，心情開朗；也能取人之長，補己之短。遇到煩惱的事情，朋友可以安慰你；遇到什麼難題，朋友可以幫你出主意；有什麼苦衷，也可以向朋友傾訴一番；遇到什麼喜事和值得高興的事，可以和朋友說說，分享快樂。

要找到志同道合的朋友並不是一件容易的事情。交友難，其實難就難在交友的方法上，幽默交友不失為一種有效的方法。陌生的朋友見面，如果幽默一點，氣氛將變得活躍，交流會更順暢。

著名國畫大師張大千與著名京劇藝術大師梅蘭芳神交已久，相互敬慕。在一次張大千舉行的送行宴會上，張大千向梅蘭芳敬酒，出其不意的說：

「梅先生，您是君子，我是小人，我先敬您一杯！」

眾人先是一愣，梅蘭芳也不解其意，忙問：「此語做何解釋？」

張大千朗聲答道：「您是君子——動口；我是小人——動手！」

張大千機智幽默，一語雙關，引來滿堂喝彩，梅蘭芳更是樂不可支，把酒一飲而盡。

大多數人都有廣交朋友的心，苦的是沒有行之有效的方法，如果我們能像張大千一樣，注意感受生活，勤於思考，有一天我們也會變得和他一樣幽默風趣，到那時候，對我們來說世界就不再是陌生的了，因為陌生人也會樂意成為我們的朋友。

朋友間的幽默，方式很多，只要「幽」得開心，「默」得可樂就可以了。

法國作家小仲馬有個朋友的劇本上演了，朋友邀小仲馬同去觀看。小仲馬坐在最前面，總是回頭數：「一個，兩個，三個……」

「你在幹什麼？」朋友問。

「我在替你數打瞌睡的人。」小仲馬風趣的說。

後來，小仲馬的《茶花女》公演了。他便邀朋友同來看自己劇本的演出。這次，那個朋友也回過頭來找打瞌睡的人，好不容易終於也找到一個，說：「今晚也有人打瞌睡呀！」

小仲馬看了看打瞌睡的人，說：「你不認識這個人嗎？他是上一次看你的戲睡著的，至今還沒醒呢！」

小仲馬與朋友之間的幽默是建立在一種真誠的友誼的基礎之上的，丟掉虛假的客套更能增進朋友之間的友誼。可見，交朋友要以誠為本。朋友之間要以誠相待，互相關心，互相尊重，互相幫助，互相理解。愛人者人恆愛之；敬人者人恆敬之。關心別人，才會得到別人的關心；尊重別人，才會得到別人的尊重；幫助別人，才會得到別人的幫助；理解別人，才能得到別人的理解。

掌握了幽默的交友技巧，我們的朋友就會遍布天下，陌生人會變成新朋友，更多的新朋友將變成老朋友。面對老朋友，我們將是沒有隔閡，無話不談了：過去的趣事、將來的打算、工作中的得意、家庭裡的煩惱都可和朋友一起分享。

巧妙化解衝突與尷尬

在人際交往中，凡具有幽默感的人，所到之處，皆是一片歡樂和融洽的氣氛。「所謂幽默，是到了口的肥鴨竟然飛了而還一笑置之。」可是有很多人都在心疼那只飛走的鴨子。缺乏幽默感的人往往內心浮躁，於是在廣場街頭因磕磕碰碰而大打出手的場景就屢見不鮮。而英國作家蕭伯納（George Bernard Shaw）有一次被人撞翻在地，爬起來卻對那個連聲道歉的青年說：「先生，很可惜！你的運氣不好，你如果把我撞死了，你就可以名揚四海了！」

有一年愚人節，美國一家報紙的玩笑開大了，竟說正活得健康滋潤的馬克·吐溫去世了！這不眼瞅著要鬧風波嗎？可是馬克·吐溫本人卻出面安慰報社的總編和社長，說你們的報紙說我死了是千真萬確的，只不過是把日子提前一點罷了。

在無法避免的衝突中，是拍案而起、橫眉怒目，還是幽默應對、舉重若輕？有一天，某作家在公園散步。在一條只能走過一個人的要道上，他迎面遇到了一個曾經對他的作品提過尖銳意見的批評家。這位批評家高聲喊道：「我從來不給傻瓜讓路！」「而我恰恰相反！」歌德邊說邊笑著讓開了道路。幽默高手的高明在於即使到了狹路相逢時，也不像通常人那樣讓心靈被怒火燒得扭曲起來，而是仍然保持相當的平靜。在對方已感到別無選擇時，幽默高手仍然有多種多樣的選擇。

當人際交往的齒輪被磨擦得發澀時，幽默的作用就是使齒輪不至被碰撞得火星四濺，傷痕累累。二戰期間，英國首相邱吉爾來到華盛頓，遊說美國加入反法西斯同盟。一天早晨，他泡在浴盆裡抽雪茄，肥大的肚皮露出水面。這時美國總統羅斯福走了進來。兩位大人物如此相見，有些尷尬。邱吉爾說：「總統先生，我這個英國首相在您面前可是一點隱瞞都沒有了。」賓主雙方相視一笑。邱吉爾以寥寥數語化解了尷尬的場面，並為兩人以後的會談營造了良好的氣氛。除了政治家，普通人也同樣具備幽默感。一對新婚夫婦走向洞房，見到門口貼著「新婚指南」，寫著：第一條，太太永遠是對的；第二條，如果太太錯了，請參閱每一條。

小李走在街上，看見前面有個人很像他的朋友，上前重重拍了一下他的肩膀，才發現自己認錯了。

「對不起，我以為你是我的朋友老王。」小李不好意思的說。

「即使我是老王，你也不該拍得那麼重呀！」那人摸著生痛的肩膀咕噥道。

「這話就不對了，我拍老王一下，輕重跟你有什麼相干呢！」小李見對方有些生氣，忍不住幽默了一下。果然，對方哈哈大笑，然後各自走路。

小李因為誤會錯拍了對方，連忙道歉，這本身並不無幽默之處，幽默之處就在於他巧借了對方的一聲埋怨當前提形成與常理的強烈反差。實際上，小李事先承認自己拍錯人了，但聽到對方的抱怨之後便轉口否認了這點，所以他最終反而聲稱自己拍的是老王，而不是別人，面對這樣一個幽默的人，對方還能發作得起來嗎？

尷尬在笑聲中冰釋，皆大歡喜的結局對誰都沒有壞處。帶著微笑看人生，人生的苦惱不是會減少許多嗎？

誰沒有過尷尬的時候呢？面對尷尬，你如何面對呢？這時你一定要鎮定機智，千萬不能陣腳大亂，要利用自己的聰明才智說上幾句幽默的話，幫你走出困境，解除窘相，樹立自信。

首先要鎮定，千萬不要為窘境而驚惶失措。在這樣的窘境中，主要是面子上過不去，自尊受到別人的傷害。所以首先要勇敢面對，鎮定自若，尋找反擊或解脫的方法，打破自己的處境。

其二要對對方的話語或情景分析，迅速的找到受到窘境的原因，然後做出想像的、荒謬的解釋，巧妙消除對方的攻擊，或對窘迫處境作超常邏輯的解釋，並使眾人和你一起分享快樂和輕鬆。

天生沒有幽默細胞「怎麼辦」

幽默的人招人喜歡，這個道理大家都知道。有些不幽默的人也想讓自己幽默起來，但奈何「自己天生沒有幽默細胞，只能空想而已」。幽默真的是天生的嗎？答案是否定的。假設有一個孩子天生就有幽默基因，但你把他單獨放在原始森林中生活幾年，再回歸社會後，他還能幽默嗎？

幽默不是天生的，幽默是可以培養的。再呆板的人，只要自己努力都可以逐漸變得幽默起來。美國前總統雷根以前也不是幽默的人，在競選總統時，別人給他提出了意見。於是他採用了最笨的辦法使自己幽默起來——每天背一篇幽默故事。

幽默確實有可以學習的套路，這點是不能否認的。儘管許多著名人士並不認同，比如余光中、錢鍾書都反對幽默技術化，但實際上幽默的確有其自身規律。

那麼，幽默到底有那些「套路」可以學習？

首先，巧婦難為無米之炊。積累豐富的幽默素材是成為幽默高手的前提。

一個幽默高手要有廣泛的涉獵，不論是運動、戲劇、文化、政治、社會、國際關係……都是要具備的基本常識，吸收的辦法就是多多閱讀報紙雜誌，注意珍聞軼事，注意那些幽默短文並吸收到自己腦中，或是記下日常發生的小趣聞，再因時因地拿出來，

那效果會加倍的好。日積月累下來必是個見聞廣博的幽默高手。

其次，還應對流行用語加以吸收，如有許多喜劇、諷刺劇節目可看，那些喜劇演員常用些幽默詼諧的語言來逗大家笑並發人深思，而這些語言往往會很流行，如果你能在談話間也引用數句流行的對白，相信效果會很好。

除了電視以外還有電臺播放的節目，那些主持人也常利用對白方式表現幽默，如果你在引用時再加上一些自己的動作，那就變成你個人的幽默，效果也很不錯。另外，流行歌曲有時也是幽默的極好素材。

找尋研究笑料的方法，可以找些相當出名的相聲家、漫畫家、作家的作品，把這些當作自己的老師，研究他們表達笑料的方式，久而久之會耳濡目染，自己也變成個幽默人物。

當你遇上幽默專家時，要暗自研究對方幽默的方法，吸收對方的長處作為自己借鑑。

有了幽默的素材，還要有熟練表達幽默的技巧才行。在表現幽默的時候，最好能有動作和表情配合。

歐美人在說話時常有誇張的動作，而這些動作往往會使原本不太好笑的話變得生動有趣，這點倒是值得我們體會的。我們可以多觀摩國外電影，拿他們的動作來研究。

在一般人的生活圈子中，不只有喜劇演員、相聲家、漫畫家等專門說笑話使人發笑的人，若細心觀察，身邊的同事、同學也常有許多有趣的言語、行為，值得我們借鑑學習。

事實上，世界上沒有人天生是幽默的，必然是後天的環境與努力所致，所以只要肯下工夫研究，並加以實踐，誰都會成為受眾人歡迎的幽默高手。

第五章　誰不喜歡幽默的人呢

第六章　百分百辦事高手

說話頭頭是道，辦事手到擒來，這是一個人能力的表現。一個能力強的人，上可贏得上司、長輩的青睞，下可贏得朋友、家人、下屬的擁戴，其魅力不言而喻、不顯自露。

傑克．威爾許說：「說話辦事能力，是素質高低的試金石。」為人處世，工作生活中都會遇上一些事情，都離不開辦事，辦事能力是一個人綜合素質的表徵，更是事業成功的關鍵。人們都欣賞會辦事的人，更希望自己也能成為一個辦事高手。

「能力強」是個人魅力的尺規，也是個人價值的綜合表現。沒有人天生就是辦事能手，因此辦事能力也需要培養和鍛鍊，只有學會並擁有高超的辦事能力，才能讓你不管什麼時候都可輕鬆自如的對面種種難題，在生活與事業中遊刃有餘。

「從一個人的辦事能力，一天就可以看出其學問的高低。」——薩迪（Sa'di, Moshlefoddin Mosaleh）

「不計回報、熱情以赴的幫助人，使你喜悅無限，而你也因此體驗到人生的意義。」——拉羅希福可（rançois de La Rochefoucauld）

「事情很少有根本做不成的。之所以做不成，與其說是條件不夠，不如說是方法不對。」——戴爾．卡內基

認清自己，量力而行

人在辦一件事之前，都要先了解自己。一個人要想清楚的了解自己其實比較困難，因為不僅需要發現自己的能力，也應該發現自身的不能。只有準確的認清自身的局限，才能對自身的能力做到有「自知之明」，從而採取正確的行動方針。

在這個世界上，即便有很高的辦事能力，我們也不可能做到事事能辦，事事可辦。生活當中，有兩種人辦事經常失敗，一種是因為辦事能力低而失敗的人，一種是對自身辦事能力估計過高而失敗的人。如何使自己在辦事過程中立於不敗之地呢？認清自己的辦事能力有多大，無疑是考驗一個人辦事能力的基本素養之一。

在準備辦一件事時，必須對自己的辦事能力做出必要的估量；如不能量力而行，其辦事的結果也就可想而知了。

憑自身能力辦事

人在社會中所處的地位、身分各有不同，其辦事能力也是不相同的。現實生活中，我們常見到這種現象：請親戚辦事，輩分高的人出面一般來說比輩分低的容易一些；在社會上辦事，求有社會地位的人出面幫忙，就比地位不高的人出面順暢。之所以形成這樣的差異，就在於每個人在社會中的身分與地位的不同而造成能力的不同。如常言所說，人微言輕，權高位重，就是這樣的道理。

所以，無論是求人辦事還是幫人辦事，我們都必須認清自己的實力，看清楚憑自己的能量，能辦多大的事，能跟什麼樣的人辦事，採取什麼樣的方法和途徑才合適。心裡有了譜，辦事才會更有針對性、分寸感，自然的就會減少許多不必要的麻煩與障礙，就更容易達到目的。

調整好自己的「期望值」

所謂「期望值」，是指人們希望自己所想或所做的事情達到成功的一種比值。

年輕人在辦事時，都希望自己所想或所做的事獲得成功，但客觀現實又往往不遂人願。有的事成功了，有的事沒有成功，有的事在一定意義上或部分的成功了，有的事卻完全辦糟了。

事情成功了令人興奮，事情沒有成功或辦糟了叫人懊惱、悲傷。尤其是求人辦事前寄予的成功「期望值」越大，一旦事情沒有成功或辦糟之後，其失落感就越強，心理上越得不到平衡，由此內心的痛苦就越強烈。這種狀態勢必影響工作，妨礙身心健康。

因此，人們要調整好自己的心態，即把「期望值」調節在最恰當的位置。若能如此，就可以免受其難了，這就是要對自己有一個恰當的定位。

比如，某青年找工作，面臨著一個選擇，是應聘某公司祕書一職呢，還是應聘某廠招收的技工呢？學歷不高的他選擇了前者，結果失敗了，又錯過了某廠招工的機會，使得他一段時間內萎靡不振。

顯然，這位青年就是沒能正確評價自己，對應聘祕書一職寄予的「期望」太大，也太存僥幸之心，因而作了錯誤的選擇。他沒能正確的分析自己：學歷較低，寫作和口頭表達水準都很一般，缺乏做祕書的基本能力。

考慮自己的性格

性格是指在對人、對事的態度和行為方式上所表現出來的心理特點，以及與之相適應的習慣化了的行為方式。比如說，有的人小心謹慎，有的人敢拚敢闖。小心謹慎與敢拚敢闖就是兩種截然不同的習慣化了的行為方式。人們根據他們這些外顯出來的習慣化了的特徵，很容易地區別出這兩種人的性格差別。

有人認為，性格可以隨人生經歷而改變，是可以在後天環境中磨練出來的。但要看到，性格在定型之後具有很強的穩定性，一夜之間判若兩人的情況畢竟少見。性格成型穩定後，既不容易改變，對人的行為也會產生極大的支配作用。逆來順受慣了的人，如果不經歷大的波折，大的痛苦，是很難迅速轉變成為一個堅決果斷、敢作敢當的人的。即使由於這樣那樣的歷史機緣，這種人坐上了單位的第一把交椅，多年來的逆來順受也會影響他的領導風格，因為他習慣了受人支配（或自己動手）的行為方式。像金庸筆下的張無忌（《倚天屠龍記》的主人公），身上就帶有這種特徵。他的武功智慧是超一流的，但卻沒有強烈的權力欲望，學成蓋世神功也純屬巧合，當上了明教教主更是因為形勢所迫，到頭來，他終於攜了雙美佳人歸隱山林快活去了。

明白了這一點，就要依據自己的性格去辦自己能辦的事，迴避不適應自己性格的事，這樣才能提高自己辦事的成功率。

掂量自己的人緣

在日常生活中，我們常常能聽到下面這樣的對話：

王五：大李這人挺不錯，你看他每天滿面春風的，好像從來沒什麼煩心事，而且他辦事人家都願意幫忙，大家都喜歡他。

趙六：這有什麼奇怪的，人家人緣好嘛！

的確，你的「人緣」在生活或工作中，有時比你的真才實學還要重要！君不見，金庸筆下的韋小寶胸無點墨，卻在黑白兩道左右逢源，備受重用，原因就在於他招人喜歡，「人緣」好！

現代社會是一個交際的社會。交際活動中，人緣的好與壞對辦事能力的影響很重要。人緣好的人，在社會上的境況就好，社會評價也高，因而找人辦事也容易得到理解、同情、支持、信任和幫助。所以，一個人人緣的好與壞，直接反映著這個人在社會上辦事的能力和水準。所以，我們在辦事過程中，自己的人緣因素一定要考慮。

我們辦事之前，一定要考慮自己的人緣因素，要依人緣來決定怎樣辦事。

了解對方，一箭中的

兵法上說，知己知彼，百戰不殆。辦事也是一樣，單單「知己」，認識自己的能力、地位、人緣還不夠，還要做到「知彼」，了解對方的性格特點，然後投其所好，避其所忌，攻其虛，得其實，這樣辦起事來才能穩操勝券。

對方的身分

我們每個人雖然在人格上是平等的，但在社會上，地位等級觀念使得人在某些方面其實並不平等。所以，對方的身分、地位不同，你說話的語氣、方式以及辦事的方法也應有異。但這裡不是教你低三下四的去求人，因為職位低，人格不能低，相反，有些高官，人格也不一定高。因此要「到什麼山，唱什麼歌，見什麼人說什麼話」，不要把別人的職位不放在眼裡，因為那也是不尊重別人的表現。如果不明白這一點，對什麼人都是一種口氣，則可能會被對方視為沒大沒小，無尊無卑，尤其是對方身分地位比較高的人，而他又特別在意這一點，會認為你沒有教養，不懂規矩，因而肯定不會幫你的忙，或者有意為難你。這樣，就可能阻礙自己辦事的路子，使所辦之事一波三折。

宋朝知益州的張詠，聽說寇準當上了宰相，對其部下說：「寇準奇才，惜學術不足爾。」這句話一語中的。張詠與寇準是多年的至交，他很想找個機會勸勸老朋友多讀些書。因為身為宰相，關係到天下的興衰，理應學問更多些。

恰巧時隔不久，寇準因事來到陝西，剛剛卸任的張詠也從成都來到這裡。老友相會，格外高興，寇準設宴款待。臨分手時，寇準問張詠：「何以教准？」意思是對寇準有何見教。張詠對此早有所考慮，正想趁機勸寇公多讀書。可是又一琢磨，寇準已是堂堂的宰相，居一人之下，萬人之上，怎麼好直截了當的說他沒學問呢？張詠略微沉吟了一下，慢條斯理的說了一句：「《霍光傳》不可不讀。」當時寇準弄不明白張詠這話是什麼意思，可是老友不願就此多說一句，言訖而別。回到相府，寇準趕緊找出《漢書．霍光傳》，他從頭仔細閱讀，當他讀到「光不學亡術，諫於大理」時，恍然大悟，自言自語的說：「此張公謂我矣！」（這大概就是張詠要對我說的話啊！）是啊，當年霍光任過大司馬、大將軍等要職，地位相當於宋朝的宰相，他輔佐漢朝立有大功，但是居功自傲，不好學習，不明事理，這與寇準有某些相似之處。寇準讀了《霍光傳》，很快明白了張詠的用意，感到從中受益匪淺。張詠的委婉辭令，實在是高明。

聰明人都是懂得看對方的身分、地位來辦事的，這也是自己辦事能力與個人修養的表現，平常我們所說的「某某人會來事」，很大程度上就表現在「見什麼人說什麼話」的才智上。這樣的人不光領導器重他，同事也不討厭他，這樣的人辦事的成功率當然要高。

對方的性格

各人性格不同，自然千姿百態。有的人喜歡聽奉承話，戴上幾頂「高帽」，他就會使出渾身力氣幫你辦事；有的人則不然，你一給他戴「高帽」，反而引起了他敏感性的警惕，以為你是不懷好意；有的人剛愎自用，你用激將法才能促他把事辦好；有的人脾氣暴躁，討厭喋喋不休的長篇說理，跟他說話辦事就不宜拐彎抹角。

所以，與人辦事，一定要弄清這個人的性格，依據他的性格採取不同的對策。

春秋時期，齊國有田開疆、古治子、公孫捷三勇士，很得國王齊景公寵愛。三人結義為兄弟，自詡「齊國三傑」。他們挾功恃寵，橫行霸道，目中無人，甚至在齊王面前也「你我」相稱。亂臣陳無宇、梁邱據等乘機收買他們，想借他們的勢力奪取政權。

齊國宰相晏嬰眼見這股惡勢力逐漸擴大，危害國政，心中暗暗擔憂。他明白奸黨的主力在於武力，而三勇士就是王牌，屢次想把三人幹掉。但是這三人正得寵，如果直接行動，齊王肯定不同意，反而會弄巧成拙。

有一天，鄰邦的國王魯昭公帶了司禮的臣子叔孫來訪問，謁見齊景公。景公立即設宴款待，叫相國晏嬰司禮，文武官員全體列席，以壯威儀。三勇士也奉陪，威武十足，擺出不可一世的驕態。

酒過三巡，晏嬰上前奏請，說：「眼下禦園裡的金桃熟了，難得有些盛會，可否摘來宴客？」

景公即派掌園官去摘取，晏嬰卻說：「金桃是難得的仙果，必要我親自去監摘，這才顯得莊重。」

金桃摘回，裝在盤子裡，每個有碗口般大，香濃紅豔，清芳誘人。景公問：「只有這麼幾個嗎？」

晏嬰答：「樹上還有三四個未成熟，只可摘六個！」

兩位國王各拿一個吃，佳美可口，互相讚賞。景公乘興對叔孫說：「這仙桃是難得之物，叔孫大夫賢名遠播，有功於邦交，賞你一個吧！」

叔孫跪下答：「我哪裡及得上貴國晏相國呢，仙桃應該給他才對！」

景公便說：「既然你們相讓，就各賞一個！」

盤裡還剩下兩個金桃，晏嬰複請示景公，傳諭兩旁文武官員，讓各人自報功績，功高者得食此桃。

勇士公孫捷挺身而出，說：「從前我跟主公在桐山打獵，親手打死一隻吊睛白額虎。為主公解圍的，功勞大不大呢？」

晏嬰說：「擎天保駕之功，應該受賜！」

公孫捷很快把金桃咽下肚裡去，傲眼左右橫掃。古治子不服，站起來說：「虎有什麼了不起，我在黃河的驚濤駭浪中，浮沉九里，斬驕龜之頭，求主上性命，你看這功勞怎樣？」

景公說：「真是難得，若非將軍，一船人都要溺死！」把金桃和酒賜給他。可是，另一位勇士田開疆卻說：「本人曾奉命去攻打徐國，俘虜五百多人，逼徐國納款投降，威震鄰邦，使他們上表朝貢，為國家奠定盟主地位。這算不算功勞？該不該受賜？」

晏嬰立刻回奏景公說：「田將軍的功勞，確比公孫捷和古治子兩位將軍大十倍，但可惜金桃已賜完了，可否先賜一杯酒，待金桃熟時再補？」

景公安慰田開疆說：「田將軍！你的功勞最大，可惜你說得太遲。」

田開疆再也聽不下去，按劍大嚷：「斬龜打虎，有什麼了不起？我為國家跋涉千里，血戰功成，反受冷落，在兩國君臣面前受辱，為人恥笑，還有什麼顏面立於朝廷上？」拔劍自刎而死。

公孫捷大吃一驚，亦拔劍而出，說：「我們功小而得到賞賜，田將軍功大，反而吃不著金桃，於情於理，絕對說不過去！」手起劍落，也自殺了。古治子跳出來，激動得幾

乎發狂的說：「我們三人是結拜兄弟，誓同生死，今兩人已亡，我又豈可獨生？」

話剛說完，人頭已經落地，景公想制止也來不及了。齊國三位武士，無論打虎斬龜，還是攻城掠地，確實稱得上勇敢，但只是匹夫之勇。兩顆桃殺了三個勇士，晏嬰就是抓住了他們不能忍耐、徒有驕悍之勇的性格，達到自己的目的。

摸透對方的性格才能為自己辦事找到突破口。投其所好，便可與其產生共鳴，拉近距離；投其所惡，便可激怒他，使其所行按自己的意願進行。無論跟什麼樣的人辦事，我們都應首先摸透他的性格，這樣辦事才能成功。

巧妙請求，講究分寸

任何人都有獲得別人尊重的欲望，誰要是讓人遭到言辭上的「非禮」，那事兒就會難辦。所以在向別人提出要求時，年輕人要特別注意使用禮貌語言手段，維護對方的面子，照顧人家的意願，巧妙提出自己的要求，講究分寸，讓對方在不經意中向你敞開心扉。

下面透過一些實例，教你一些具體用法。

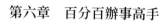

間接請求

透過間接的表達方式（例如使用能願動詞、疑問句等），以商量的口氣把有關請求提出來，講得比較婉轉一些，令人比較容易接受。

「你能否儘快幫我把這事辦一下？」

（比較：趕快給我把這事辦一下！）

透過比較，我們不難看出，間接的表達方式要比直接的表達方式禮貌得多，因而更容易得到對方的幫助或認可。

借機請求

借助插入語、附加問句、程式副詞、狀語從句及有關句型等來減輕話語的壓力，避免唐突，充分維護對方的面子。

「不知你可不可以把這封信帶給他？」

（比較：把這封信帶給他！）

我們可以發現，語言中有很多緩衝詞語，只要使用得當，就會大大緩和說話的語氣。

激將請求

透過流露不太相信能成功的想法，把請求、建議表達出來，給對方和自己留下充分考慮的餘地。

「你可能不願意去，不過我還是想麻煩你去一趟。」

你請別人幫忙或者向別人提出建議時，如果在話語中表示，如果人家可能不具備有關條件或意願就不會強人所難，自己也顯得很有分寸。

縮小請求

盡量把自己的要求說得很小，以便對方順利接受，滿足自己的願望和要求。

「你幫我解決這一步已使我感激不盡了，其餘的我將自己想辦法解決。」

我們確實經常發現，人們在提出某些請求時，往往會把大事說小，這並不是使喚人，而是適當減輕給別人帶來的心理壓力，同時也使自己便於啟齒。

謙恭請求

透過抬高對方、貶低自己的方法把有關請求等表達出來，顯得彬彬有禮、十分恭敬。

「您老就不要推辭了，弟子們都在恭候呢！」

請求別人幫助，最傳統有效的做法是盡量表示虔敬，使人感到備受尊重，樂於從命。

自責請求

首先講明自己知道不該提出某個請求，然後說明為實情所迫，不得不講出來，令人感到實出無奈。

「真不該在這個時候打攪您，但是實在沒有辦法，只好麻煩您一下。」

在人際交往中，要知道在有的時候、有些場合打攪別人，是不適合的，不禮貌的，但這時又不得不麻煩人家，這就應該表示自知不妥，求得人家諒解，以免顯得冒失。

體諒請求

首先說明自己了解並體諒對方的心情，再把自己的要求或想法表達出來。

「我知道你手頭也不寬裕，不過實在沒辦法，只好向你借一借。」

求人的重要原則就是充分體諒別人，這不僅要在行動中表現出來，而且要在言語當中表示出來。

遲疑請求

首先講明自己本不情願打擾對方，然後再把有關要求等講出來，以緩和講話語氣。

「這件事我實在不想多提，但形勢所迫，不得不求助於您了。」

在提出要求時，如果在話語中表示自己本不願意說，這樣就會顯得自己比較有涵養。

述因請求

在提出請求時把具體原因講出來，使對方感到很有道理，應該給予幫助。

「隔行如隔山，我一點兒也不知道人家那邊的規矩。你是內行，就替我辦了吧！」

在提出請求時，如果把有關理由講清楚，就會顯得合乎情理，令人欣然接受。

乞諒請求

首先表示請求對方諒解，然後再把自己的願望或請求等表達出來，以免過於唐突。

「恕我冒昧，這次又來麻煩你了。」

請求別人原諒，這是透過禮貌語言進行交際的最有效方法，人們常常使用這種方式來進行交流，顯得比較友好、和諧。

審時度勢，善於變通

敏銳的眼光和判斷力是辦事成功的必備素質。任何事情在局勢明朗之前，肯定都會有其前兆。具有慧眼的人，會根據這些細微之處正確判斷出事態的發展，採取相應的行動。要想獲得成功，就必須把自己培養成能判斷形勢的高手，從而把行動的主動權牢牢掌握在自己手中。

所謂「未雨綢繆」，通常是在採取重大變動前就根據具體情況做好周密的準備，這是一種很理智的做法。人生每逢重大變動可能都生死未卜，因此，未雨綢繆就顯得特別重要。

生活紛繁複雜，永遠有許多無法預測到的問題會發生。世界變化如此之快，唯一辦法就是保持應變能力。你要準備隨時改變方向、改變過去的思維方式，適應對手的變化……這是積極的做法。

「機動靈活是辦事高手的基本素質之一。窮則變，變則通，通則久。許多不能辦成的事，如果能夠採取變通的方法處理，就有可能取得成功。」

戰國時，莊公把母親姜氏放逐到城穎，臨行他發誓道：「咱們不到地底下，別想見面！」

後來他又後悔了，穎考叔聽說了這件事，就親自進貢禮物給莊公。莊公宴請他，他吃的時候單獨挑出肉來放在一邊，莊公問他為什麼，他回答道：「小臣有老母親，我想把肉給她嘗嘗。」

莊公說：「你有母親可以送食物，唉，我卻沒有！」穎考叔說：「請問這是什麼意思？」莊公把發誓的事告訴他，並且說後悔不已。穎考叔說：「您擔什麼心呢！要是挖個地道，然後您和姜夫人透過地道來見面，誰會說您違背了誓言呢？」

於是，莊公照他的話去辦。當莊公走進地道時他朗誦了兩句詩：「走進地道裡，快樂真無比！」姜氏走出地道時也朗誦了兩句詩：「走出地道門，高興難形容！」從此，母子兩個就和好了。

有時候，人人都可能說些看起來沒有退路的絕情話，過後又常常後悔，但話已不能收回。此時，你不妨將說過的那些話從字面上圓通一下，在詞義上作點文章，這樣既可以收回原話，又可以為自己挽回面子。這就是善於變通的技巧。

借力打力，將計就計

在求人辦事的過程中，順勢法是一種重要的方法，其外在的表現也是各種各樣的，其中借力打力，將計就計是一種常用的方式。所謂「借力打力，將計就計」就是借助、利用他人的計策達到自己的目的。借力打力、將計就計，針對我們理解順勢法有所啟示的是下面的幾個例子：

一九六〇到一九七〇年，IBM一直控制著商用電子電腦的國際市場。面對這種局勢，日本通產省曾大聲疾呼，要求日本在半導體和電子電腦領域趕上並超過美國。但是，日本電子電腦廠家覺得與美國一些公司競爭，並不是輕而易舉的事。

經過一番苦思後，日本的一些企業發現，如果能夠事先透過某種手段弄到美國國際商用機器公司的新機種資料的話，就可以大大縮短趕上和超過美國的時間。於是，日本的一些商業間諜開始了緊張的活動。

一九八〇年十一月，日立公司透過商業間諜，從美國國際商用機器公司一個名叫萊孟德．卡戴特的職員那裡，弄到了該公司新一代308X電腦絕密設計資料。這是一套具有重要價值的資料，一共二十七冊，然而，這一次日立公司只弄到了其中的十冊。為了搞到另外的十七冊，日立公司繼續採取行動，由日立公司高級工程師林賢治出面，向與日立公司

有業務往來的馬克斯維爾．佩利發出一份電服，敦請佩利設法搞到其餘的十七冊資料。

佩利曾經在 IBM 公司工作了二十三年，辭職前曾擔任公司先進電子電腦系統實驗室主任。他深知新機種資料的價值，同時也明確自己與公司的關係，因此，當他接到日立公司的電報後，立即將此事告訴了 IBM 公司。負責公司安全保衛工作的查理．卡拉漢普在美國聯邦調查局任過職，他聽了佩利的敘說後，決定將計就計，以間諜反間諜。他讓佩利充當雙重間諜的角色，主動接近日立公司的林賢治，以便摸清情況，掌握日立公司的證據。同時，在聯邦調查局的參與下，還採取了誘捕的方法：由 IBM 公司宣布，有兩名接觸絕密硬體、軟體、手冊等方面資料的高級職員即將退休，誘使日立公司向這兩名職員索取資料。

果然，日立公司上了鉤。一九八二年六月，聯邦調查局逮捕了日立公司前去取情報的職員。日立公司竊取 IBM 公司情報的證據被抓到，遭到了起訴。一九八三年三月，三藩市法院判處日立公司林賢治一萬美元罰款，緩刑五年；參與此案的大西勇夫被罰款四千美元，緩刑兩年並追回了竊取的全部資料。

日立公司以間諜計竊取機要，而 IBM 公司卻以其人之道還治其人之身，結果使日立公司以慘敗告終，足見得 IBM 公司技高一籌。以其人之道還治其人之身的謀略，就是在對對手的謀略有了充分的認識和了解的基礎上，然後佯順其意，在對手的計上用計，使對手墜入圈套，這是此謀略的核心之點。

由此可見，借助他人完成自己所要辦的事情，即是借力打力，將計就計的具體表現，又是順勢辦事的一種方式。

迂迴進攻，圍魏救趙

某些食用魚類的鳥類，牠的嘴的形狀是直直的，上下兩部分又長又寬闊。吞吃食物時，牠們常常把捕到的魚兒往空中一拋，讓魚頭朝下尾朝上落下來，然後一口接住咽下去，這樣的吃法可以使魚在通過咽喉時，魚翅的骨頭由前向後倒，不會卡在喉嚨裡。

求人辦事也一樣會碰到各種「刺兒」，這個時候便不能「直腸子」，而應該想辦法兜個圈子，避開釘子。這是做人應該具備的策略和手段。連鳥兒都會「把魚倒過來吃」，聰明的人怎能赤膊上陣，硬碰釘子，讓「刺」卡在喉嚨中呢？

有位編輯向著名學者錢鍾書組稿，便是繞著圈子，成功的「吃到了魚」，還連說「根本沒什麼刺兒」。以下便是他敘述的巧謀妙遇：

傳播媒介把學界泰斗錢鍾書先生的脾氣渲染得那麼乖僻。數年前，我曾參與編撰地

方名人詞典。同事說，錢老的資料最不易到手，寫信發公函都杳如黃鶴，主編也為此大傷腦筋。我想碰碰運氣，鑑於前車之鑑，特謹慎行事而不張揚。

我之所以決定試試，因為一是我對錢老的著作及學術成就有所了解。自一九六一年其力作《通感》問世以來，先生之名即銘刻腦際，追慕迄今。二來錢老的叔父錢孫卿先生是我所在學校的前任老校長。憑此兩條，我建立起信心。自度籍籍無名，故投石問路，先迂而回之。

錢老伉儷興趣高雅，每常調侃，幽默詼諧，相與為樂。楊絳女士曾經呼夫君錢老為「黑犬才子」，此系錢老之字「默存」，分拆而成的離合體字謎。於是我不揣冒昧的為他們姓名編了兩條燈謎，「文化著作」射「錢鍾書」；「柳絮飛來片片紅」射「楊絳」。信中先呈上拙作，然後陳述其叔父舉學之業績。很快收到回信，喜不自勝，內附聯名賀卡，藍底金字，莊重雅致。特別是錢老簽名的明信片，三字合寫，神旺氣足，獨具風采。天性率直如此！錢老並不像傳言所述那麼古怪。

既得隴，又望蜀。我於是又發函委述父老鄉親對他們眷戀之情，標舉其母校因「首編」未見錢老條目憤有煩言，憤而拒購《辭典》；再述地方史籍龍套頻頻出場，主角不亮相，戲唱不成之態勢，等等，希望他們惠賜一手資料。不久又得復函：「來函敬悉。

我們對國內外名人傳記請求供給資料一概敬謝，偶有關於我們的條目，都出於他們自編，不便為你破例。」好事多磨，果然吃了閉門羹。

設身處地想想，若來者不拒，頻繁應酬，對其將是災難。老人自有他們釐訂的處世原則，一以貫之。倘畸輕畸重，必然造成精神上的兩難折磨。故鄉情雖深，也未可貿然破「法」。初看「山重水複疑無路」，細思既然全般供給材料不成，何妨另闢蹊徑。「自編」草稿，呈其覆核，不是同樣可以完成組稿任務嗎？「柳暗花明又一村」。於是將有關錢老的傳記材料，草成小傳，另附若干疑題，一併發函請教。在忐忑不安中接讀復函：「遵命將來稿刪補一下，奉還。」對小傳中的名號大都刪除，批曰：「不合體例。」又訂正了藍田之訛誤。大喜過望！至此組稿任務完事大吉，同仁無不額手相慶。對錢老先生抱「不怒而威」之成見，然「即之也溫」，年過有期，猶不失赤子之心，何乖僻之有！

由上述事例可見，對於令人敬畏的對方，最好在提出請求之前兜個圈子，提及他的興趣或近況，使對方覺得「這個人好像很了解我」而加深他的印象。

另有位編輯向一位名作家邀稿。那位作家一向以難於對付著稱，所以這位編輯在去他家之前，感動既緊張又膽怯。

開始並不成功，因為不論作家說什麼話，這位編輯都說「是，是」或者「可能是這樣的」，無法開口說明要求作家寫稿的事。該編輯只好準備改天再向作家說明這件事，隨便聊聊天就結束了這次拜訪。

突然間他腦中閃過一本雜誌刊載有關這位作家近況的文章，於是就對作家說：「先生，聽說你有篇作品被譯成英文在美國出版了，是嗎？」作家猛然傾身過來說道：「是的。」「先生，你那種獨特的文體，用英語不知道能不能完全表達出來？」「我也正擔心這點。」他們滔滔不絕的討論著，氣氛也逐漸變為輕鬆，最後作家便答應為編輯寫稿子。

這位不輕易應允的作家，為什麼會為了編輯一席話而改變了原來的態度呢？因為他認為這位編輯並不只是來要求他寫稿，並且還讀過他的文章，對他的事情十分了解，所以不能隨便的應付。讓對方以為自己對他的事非常清楚，就能像那位編輯一樣，在心理上占優勢。

一般人要和名人或有頭銜的人見面時，都會產生膽怯的心理。如果在氣勢被壓倒的情況下，不太敢開口說明要求的事，如此一來雙方都很尷尬。這時不論多小的事情沒有關係。首先要談起對方的興趣、近況等，彷彿自己對他的事非常了解。我們可以說：「聽說你最近戒菸了，是否真的？」「前幾天我在電視上看到你。」這些好像沒有什麼重大意義的話，可以打開對方的心扉，將他拉進自己的話題中。

次序井然，絕不拖延

也許我們每個人都可能或多或少有一種不良的習慣——拖延時間，這種現象似乎經常遇見，以至於看見或者發現自己也是如此時都不以為然了。然而拖延時間卻是一種對人對己都極其有害的惡習。魯迅先生說過：耽誤他人的時間就等於謀財害命。

其實，所推遲的事情都是自己曾經期望儘早完成的，只是由於某種「原因」而一拖再拖。有時甚至每天都要對自己說：「我的確應該做這件事了，不過還是等一段時間再說吧。」我們很難將拖延這一習慣歸咎於外界因素，因為拖延時間的是自己，由此受害的也是自己。我們每個人都能了解到，拖延時間是一種不好的習慣，然而卻仍有不少人能夠下決心徹底改正。事實上，對大多數人來講，拖延時間不過是讓自己避免正面接觸困難而採取的一種手段。

停止拖延的最好時機就是現在。那麼，就讓我們從現在開始，按照書中介紹的一些方法，或者自己根據個人的情形而制定一些有效的解決辦法，以改變和消除那些妨礙我們生活和工作的拖遝習慣。

開始，先想想所有已被你拖延下來的要緊事——你該寫的報告、你該打的電話，或是你該念的書，把它們全寫在一張紙上。拿著所寫下的導致拖延原因的那張單子，比較

一下該做的事和沒做的原因。假如該做的事真的很重要的話，你是沒法在兩張單子之間自圓其說的，當你了解到這點時，就不該再拖而要趕快把事情完成了。

接下來，請看看下面提出的所有建議，其中有些可能正好適合你，有些建議可能還會啟發一些類似的靈感。選定一個對自己最有用的然後開始去做，等信心建立時，再回頭看看其他的。只要想得到的就加上去，但要小心的計畫好自己的工作安排，別因為計畫太多而又把它給弄砸了。在遇到困難時，更要保持解決困難的熱度。即使犯了錯也得忍受，但要設法使它變得更好。

下面的第一個建議，也許是所有其他建議的關鍵。好好的想一想，它對你做任何事情應該都會有所幫助。

愉快的去面對

自己對所從事工作的感覺，會大大的影響做事的方式。如果十分快樂的接受一項工作任務，這件工作就會更好、更順利的完成，而且還可以從中獲得快樂。

但是，如果對工作感到生氣和不滿的話，這件工作就會變得冗長，你更有可能犯下許多錯誤。

林肯說過：「你想讓自己有多快樂，你就會有多快樂。」只要肯下工夫去練習，就可以做到這一點，但一開始就要想些快樂的事情，把恐懼、憤怒、挫折感全部從心中除去。在周圍盡量找些快樂的事，看些令人快樂的書，看些喜劇片，碰到好笑的事就開懷大笑。假如能讓自己養成快樂的習慣，停止拖延的腳步就會加快一些。

養成一種快樂、健康的態度，然後開始去做你所擱下的工作。現在就去做，就會發現，你的熱忱和快樂會感染別人。

全身心動員自己

假如全身心的投入工作，也許就不會拖延。而完全投入的方法就是：當開始工作時，要調動所有情緒，這樣會使你專心。還可以回想某一場足球賽，彷彿可以聞到青草、看到秋天美麗的葉子、吃熱狗、喝咖啡，還有聽到觀眾的吶喊聲、比賽時樂隊奏出的音樂等。

回想這些事物和景象的能力，就是調動積極的想像力，因為用積極的情緒去做每一件工作，能對工作有個鮮明的意象，要完成它就容易多了。

在用上了積極的情緒之後，要再深入一點，努力發掘真正的自我，相信自己的工作能力和辦事能力。

分析工作性質

試著去分析一下必須要做的每件事情，這一點看起來很簡單做起來也很容易，而且往往也很有用。

具體做法是：拿一張紙在中間畫一條線，左邊列上必須完成工作的所有理由，右邊列上所有要拖延的理由。記住要列上所有可能想到的理由，然後再比較一下兩邊的理由。

假如這件工作真的很重要，你就會發現要完成它的理由比要拖延它的理由多得多。只要把這些理由寫在紙上，它們就會給你一個開始工作的好動機。

假如發現要拖延的理由比較多，那就把這件工作放棄，去做別的工作好了。假如你一直在做一件工作，而且它不僅會使你感到憂慮，即便完成了也具有一種挫折感，因此又想拖下去。若是真的沒有一個好理由讓你繼續做下去，那就別做這件事了。

但是上司交給你的工作，即使再不想做，也最好去做好它。但假如你發覺真的無法去做，那就乾脆告知領導做不了的原因，大不了你可以辭職不幹。因此，如果在真正的分析了要做的工作之後，你就知道該怎麼去做了。你也許會發覺，人有時要做個正確的選擇並不太難。

經常想想自己的工作，仔細的研究它。因為你越了解自己的工作，就越容易去完成它。

如果真的對工作一無所知，就很有可能會對它漠不關心，而對工作漠不關心正是導致拖延的主要原因之一。只要你對自己必須做的工作多加認識，你就可以克服對它們的畏難情緒。

全身心投入自己的工作吧，假如它值得你去為它努力，它也就值得你去深入的研究它。假如真的不清楚某些具體情況，就需要多加觀察，多請教老同志，去收集更多的資料，這也可以當作一種準備工作。它會給你一股力量去開始工作。只有對自己的工作知道得越多，就越有能力去順利的完成工作。運用一些新的知識和技術，你還會覺得很容易而且可以更快的完成。把你的快樂感覺告訴你的同事們，讓他們也投入這個工作。他們不但會激起你工作的熱忱，而且還會支援你努力工作。

戴爾．卡內基說過：「一個能夠說得很清楚的問題，就是一個解決了一半的問題。」盡可能的去全面了解自己的工作，努力培養自己完成工作能力的興趣，這樣就已經算是完成一半了。

把最重要的事擺在前面

辦事的一個基本原則就是，永遠都要從最重要的事情開始做起。因此，開始辦事之前，就要好好的安排工作的順序，但要謹慎的做這件事。

專家們建議過支配時間的一些基本方法，可以為我們決定工作的優先順序，下面是他們提出的幾點建議。

- **重要而緊急**：這些工作應列第一位，必須立刻去做，否則將使自己陷入困境。
- **重要但不緊急**：這些工作則位於第一種工作之後。但大部分人都因這些工作可以拖延而忽略了它。
- **緊急但不重要**：這些工作可能在別人的計畫表上被列為優先，但如果你撇下了自己的重要工作而先做這些工作，那你就得仔細權衡一下，並且從別人那裡尋求支持了。
- **繁忙的工作**：這些工作多為不得不做的事務性工作。假如你能控制住節奏，在做完一件困難的工作後，接下去做另一件相對容易的工作，而不只是因為心裡膩煩它，就拖延它，那是很正常的。但要是花了太多的時間去做它，就是另一種形式的拖延。
- **浪費時間的工作**：這些工作應該從你的順序表中刪去。假如你認為做這些工作是在浪費時間，生命中寶貴的時光在點滴中流逝，原本美好的時光常在輕忽中流逝。

在開始工作時，你可以自由的改變優先順序，不斷的重新修改，你只要能夠知道什麼是該先做的工作。凡是不該先做的就不要去做，這樣才能思路清晰，做事按部就班。

有所不為，巧妙拒絕

拒絕別人比什麼都難，可是這種情況誰都會碰到，有什麼訣竅沒有呢，本節的主要目的是讓大家從尷尬中逃脫出來，輕鬆說「不」。

君子有所為亦有所不為。在生活或工作中，別人求你幫忙的時候，你首先要頭腦冷靜，想想對方提出的請求是否合情合理合法，是否違背自己的為人處世原則，是否會傷害其他人的利益，總之，應承之前想想以下幾點注意事項。

．**不合情理的事不能幫忙**：若對方所要求的幫助是不合常理的事情，你應該果斷的說「不」。比如說，某一個人做生意賺了點錢，他的親戚們馬上跑來找他借錢，這個說家裡有人病了，那個說孩子要上學，而賺的錢卻極為有限，或許還要再投入一部分才能繼續做生意，實在很難讓他們都滿意，這時是可以婉言拒絕的。

當有人要求你違反法律、道德去幫他辦事時，你絕不能因為你們關係好就喪失了原則立場。又比如有人要你在誣告信上簽名，要你造謠誹謗或作偽證，對於這一類的

事情，一定要嚴詞拒絕，因為這樣的事情不但涉及到第三者的切身利益，更涉及到你的切身利益。

- **做不了的事不能幫忙**：有時別人託你做事，你首先應該認真考慮這種事自己是否真的能做得到，要綜合考慮事情的難易程度和它的可行性及整個客觀環境，然後再決定接受或拒絕。

有時對於領導託你辦的事，雖然知道憑自己的能力所不能而做不到，但礙於面子又不敢不答應。其實遇到這一類的事情時，應誠懇的向你的領導解釋自己不能辦的原因，婉言拒絕，只要原因在理，相信領導還是會理解你的。如果你硬是礙著面子接受下來，一旦事情辦砸了，領導反而會對你更有意見。

- **沒有把握的事情不要硬接**：對於別人提出的要求，有時我們自己也沒有把握一定能辦到，在這時應該謹慎一點，認真衡量自己的能力，千萬不要打腫臉充胖子，為了顯示自己的能力就硬接下來，結果把事情給辦砸了。這時，不僅會傷害與別人的關係，還會給別人造成你愛說大話，好吹牛的印象，很有點得不償失。

- **不要亂管閒事**：當別人有困難求助到你的頭上來時，你應熱情的幫助別人，但若別人沒有跟你說自己遇到困難時，千萬不要亂管別人的閒事，以免鬧出不愉快的事情來。

就像有的人很熱心，與鄰居相處時，自己家做了什麼好吃的就往鄰居家送，沒事兒好去鄰居家說話，見鄰居天天出去打水，便主動提出幫鄰居家燒水。但他的鄰居偏偏又是那種不喜歡與人多交往的人，對於他的熱心當成一種負擔，一聽見有人敲門就心驚膽顫，怕他又送什麼東西來還不起這人情，久而久之，終於忍不住向他說明，不要再往家裡送東西了。而他還百思不得其解，究竟為什麼鄰居會如此冷淡。

幫助別人要有個「度」，超過了這個度實在令別人很難接受。古語說：「照塔層層，不如暗處一燈。」這意思是說，當燈火耀眼時，你給別人送燈那就是添亂；當別人摸黑行路時，你送一燈別人自然會感激你。

我們在經常委託別人辦事的同時，也經常會遇到別人托我們辦事。當別人提出了某項要求或請求時，出於面子的和感情的緣故，往往會不假思索的接受對方的要求，但接受了之後才發現，有些事情並不是想辦就能辦的，而是因為種種客觀原因，有些事情辦不了。因此，當別人託你辦事時，你首先要考慮自己的能力，如果能辦得成就接受，辦不成就誠懇的向朋友說明。

很多時候，拒絕不太容易，因為每個人都有自尊心，每個人都不希望別人不愉快，因此很難說出拒絕的話。但不說更不行，怕誤了別人的事怎麼辦？這得看情況而定。

以下是可作為借鑑的拒絕別人的方法。

・**學會輕輕的搖頭**：有些公關專家說，如果需要拒絕別人的請求時在聽完別人陳述和請求之後，輕輕搖頭，會令別人易於接受。

輕輕的搖頭表示的是委婉拒絕意思。輕輕的搖頭，程度一定不要太劇烈，否則令人不易於接受。在搖頭之後一般要闡述拒絕的理由，可以使別人理解而不至於怨恨你。

有的事情聽上去雖然簡單，但是做起來十分麻煩，例如你的朋友告訴你，他因為有事，每個週末需要到你的住處來借宿，雖然聽上去一周只有一次，但真正做起來卻會有許多不便。因此，在這種情況下，你不妨輕輕的搖頭，然後說出一定的理由，相信對方並不會因此而埋怨你。

・**冷淡有時是一種有效的拒絕方法**：很多時候直言拒絕對方的請求可能會令對方難堪，但如果表示對對方所談話題不感興趣可能會免去不必要的麻煩。例如，當某人請你幫他介紹一位你很熟識的企業家認識（有功利性企圖時），你可以說：「我與他純粹是私交，不涉及他的事業。」當有人向你訴說股市風雲如何看好，企圖向你借錢時，你可以說：「我對股市沒有興趣，也不太懂。」這樣既能使對方明白你拒絕他的意思，又可以不用直言拒絕。

．**說些掃興的話表示拒絕**：如果你討厭說話的對方，又不想得罪他，你可以說一些比較掃興的話。比如說含有「反正」、「但是」等這樣詞語的話，或在對方說話時不表示興趣，僅僅以「嗯，是嗎？」作回答，或在對方極有興趣的問你問題時回答：「也許吧！」「可能吧！」，這都是一些暗示，會令對方感覺出你對他的反感而退避三舍，更不會提出什麼要求了。

．**委婉打斷談話，阻止對方提要求**：當人們興致勃勃的提出某些話題時，如果經常被打斷，會大大喪失談興，如果被打斷的次數太多，可能會主動結束談話。因此，如果不想讓對方提出自己的要求，不妨試一下採取這種方法，以求不讓對方提出自己的要求。

打斷對方時要注意方法，可以裝作沒聽清楚，不斷問對方：「什麼？再說一遍。」「對不起？」「打斷一下。」也可以在對方說話的間隙插入另一話題，使談話「走題」。這種戰術不宜常用，否則極易被人認作是討厭的人。一般的原則是，如果是不想遇見的人，知道他會提出非分的要求，就可以採用此種戰術，讓他無法順利提出自己的要求。

．**幽默詼諧，笑著拒絕**：託人辦事，要講究說話方式方法的靈活性，根據人際關係的類型和特點，根據語言交往的內容、場合和時間等的不同，採取靈活的策略。也就是說話做事要有靈活性，重要的一點就是含蓄委婉、幽默詼諧。

當有人請託辦事時，對於容易辦到的事情可以順口應承，盡力幫忙；而對於自己不容易做到的事情，一定不要礙於情面，硬著頭皮接受他們的請求，還是要堅持自己的原則和立場，但應該學會運用幽默詼諧的語言，笑著說「不」。這種方法或叫「聲東擊西」法或稱「金蟬脫殼」法，不是直接拒絕，而是希望對方能領會意圖，知難而退。

幽默詼諧、委婉含蓄的拒絕方式，既能讓對方感覺出你的無可奈何，他請托的事對於你來說確實是一個難題，又能讓對方感覺到你的巧妙生動的拒絕藝術。

巧妙迂迴拒絕：拒絕別人的請求，尤其是拒絕那些脾氣刁鑽古怪、仗勢欺人或心胸狹窄、沉默寡言這一類性格執拗的人，可是件很麻煩的事，因為他們在求人辦事之前會有他們自己想當然的念頭，很難全面的考慮你的處境以及此事會給你造成怎樣的影響。因此，需要學會把拒絕的理由講得非常巧妙，讓他們真正的體諒你。

在日常辦事時，直來直去雖爽快，可能有時也很受人歡迎，但要看對象而定，不是對每個人都應用。所以，對某些人最好採取迂迴對策，繞著彎拒絕他的請托，使他保全住面子，最終獲得他的體諒。如果處理得當，即使不能幫他實現願望，也同樣可以獲取他的理解。

巧妙迂迴的講出自己的難處，並透過推理判斷此事的過程，讓他明白做成此事你將會付出許多不必要的損失，而這對他也是無益的，甚至可能還會影響他的利益，因此，讓他自動放棄，這對於你或他都是有利的。他全面考慮後就會真正的放棄請求。

・**巧移重點，轉著拒絕**：轉移重點，改變話題也是拒絕的一門藝術。《左傳・昭公二十年》中有一句話：「獻其可，替其否。」「獻可替否」已成為一句成語，意思是建議可行的而替代不該做的。別人所托之事，可能會千奇百怪，對於那些違背原則之事應在講明道理之後，幫助他想一些別的辦法作為替補。因為一般的人都有一種補償心理，你想的辦法也許不很理想，但你已經盡力了，對方的情感便得到了滿足，這在一定程度上減少了他的失望感；如果你的辦法幫助別人圓滿的解決了問題，那別人會更滿意。

・**錚錚傲骨，明著拒絕**：如果你採用了許多拒絕的方法，而對方就是不領會，還是一味的死纏硬磨，那你就應該直截了當的回絕，要敢於說「不」，不要給對方以任何餘地。

儘管一口回絕可能得罪人，但事到如今，只能如此，自己可以落得個心裡踏實，特別是領導幹部有時為了原則更應該採用一口回絕的方法。

・**敷衍含糊，哼哈拒絕**：敷衍式的拒絕是最常見最常用的一種拒絕方法，敷衍是在不便明言回絕的情況下，用打哈哈應付請求人。敷衍是一種藝術，運用好了會取得良好的效果。有一次莊子向監河侯借貸，監河侯敷衍他，說道：「好！再過一段時間，等我去收租，收齊了，就借你三百兩金子。」監河侯的敷衍很有水準，不說不借，也不說馬上借，而是說過一段時間收租後再借。這話有幾層意思：一是我目前沒有，現在也不能借給你；二是我也不是富人；三是過一段時間不是確指，到時借不借再說。莊子聽後已經很明白了，但他不會怨恨什麼，因為監河侯並沒有說不借，只是過一段時間再說而已，好像還是有希望的。

敷衍式的拒絕大致可分為三種。

◆ **推託其辭**：在不便明言相拒的時候，推託其辭是一種比較策略的辦法。人們都處在一個大的社會背景中，互相制約的因素很多，為什麼不選擇一個盾牌擋一擋呢？如：有人求你辦事，假如你是領導成員之一，你可以說，我們單位是集體領導，像這樣的事，需要大家討論才能決定，不過，這件事恐怕很難通過，最好還是別抱什麼希望，如果你實在要堅持的話，待大家討論後再說，我個人說了不算數。這就是推託其辭，把矛盾引向了另外的地方，意思是我不是不給你辦，而是我辦不了。請托者聽到這樣的話一般都要打退堂鼓。

◆ **答非所問**：答非所問是裝糊塗，給請求者以暗示。如：「此事您能不能幫忙」，「我明天必須參加會議」。答非所問，婉拒了對方，對方會從你的話語中感受到，他的請求不會得到你的幫助，因此也就收回了自己的請求。

◆ **含糊拒絕法**：如「今晚我請客，請務必光臨」，「今天我沒有時間，下次一定來」。下次是什麼時候，並沒有說定，實際上給對方的是一個含糊不定的概念。對方若是聰明人，一定會聽出其中的意思，而不會強人所難了。

敷衍式的拒絕方法還有很多，在此不一一列舉，方法來源於實踐，如果你是有心人，一定會找到許多切實可行的方法。

遭人拒絕，理性應對

前面講的是怎樣委婉的拒絕別人，現在講的是怎樣對付拒絕，這有點像自相矛盾的寓言故事，但它對我們辦事成功確有幫助。

求人辦事過程中，被人拒絕也是常有的事。一時的拒絕並不等於事情從此無望，如果能正確分析對方拒絕的心理原因，根據實際情況採取不同的處理方法，就有可能使自己的請求出現新的轉機，退一步來說，不能立即使對方改變態度，也能給對方留下良好的心理印象，為以後的交往打下一定的基礎。

從心理上分析，拒絕是有不同類型的，現將主要類型和對策列舉於下：

一般拒絕

它是指對方雖然當時拒絕你，但不是經過深思熟慮後作出的決定。他們可能有一定的幫忙願望，但由於對你缺乏了解，未能建立對你穩定的良好印象，因此，疑慮重重，陷入了一個想幫又不想幫的矛盾心理狀態。為儘快解脫這種矛盾的心理，對方有時就會表示不幫忙。

這樣的決定隨意性很大，改變也較容易。有效的辦法是多接近他們，很自然的展現自己的「真實面目」，讓對方充分和全面了解你，對方的疑慮消除了，求人也就成功了。

執意的拒絕

這是指對方在拒絕前，對你有比較深入具體的了解，經過分析、對比、反覆權衡利弊後作出的選擇。這樣的選擇或是因為人家認為幫你忙不值得；或是因為你的個性、品格使對方大失所望；或是由於對方的某種固執的偏見。

要改變執意拒絕者的態度，一般情況下是不可能的，因而也不必白費力氣。假如你確認對方是由於固執的偏見而拒絕答應你時，則可以用真誠的行動去感動對方，使之改變偏見。不過這需要較長的時間。

隱蔽的拒絕

這是指對方拒絕你的請求是出於某種心理需要，而不願把真正的原因說出來，用某些不真實的理由搪塞你。對方不願說出真實的理由，其情況是複雜的，大致有如下幾種。

一是你提出的要求太高，對方無法滿足，但又羞於說出本人能力的不足。二是對方對你不放心，對你拿不準，但又不好意思說出來。三是是否對你「特殊關照」，決策人意見不一致，覺得沒必要把「內政」告訴你。

對於這種求助對象，要盡可能弄清其拒絕的真正原因，然後再採取相應的求助方法，或解釋說服，或降低自己的某些要求，或等待時機。

要分辨「別人」的拒絕是屬於哪種類型並不容易，需要有較強的察言觀色、聽話聽音的能力，以及較準確的判斷能力，而這些能力又需要豐富的社會交往鍛鍊才能獲得。

對於有求不應，在辦事過程中應注意以下三點。

第一，不要過分堅持。對方既已拒絕，必有原因，如果過分堅持自己的要求，不但會使對方為難，而且也會使自己陷於被動。一旦被堅決的拒絕，不僅心理上將很難接受，將來也會沒有迴旋餘地。

第二，不要過分追究原因。的確，被拒絕的心理是很不好受的，任何人都想知道原因，但是如果窮追不捨的纏住對方，非問清原因不可，往往會破壞雙方感情。

第三，保持禮貌。人生不如意的事很多，又何必在區區小事上計較個沒完？被人拒絕後仍然要做到豁達大度，不抱成見。當你領會到對方拒絕的心理時，不妨自己把話打斷，乾脆表示沒關係，反過來再安慰對方幾句，請他不必介意。對方會感動過意不去，說不定以後還會很主動的幫你忙呢！

第七章　高尚的品格是魅力之本

高尚的品格，可以算是人生的桂冠和榮耀。它是一個人最寶貴的財產，它構成了人的地位和身分本身，它是一個人在信譽方面的全部財產。它比財富更具威力，它使所有的榮譽都毫無偏見的得到保障。它時時可以對周圍的人產生影響，因為它是一個人被證實了的信譽、正直和言行一致的結果，而一個人的品格比其他任何東西都更顯著的影響別人對他的信任和尊敬。

「品格是一個人被證實了的信譽，是正直和言行一致的結果。而一個人的品格比其他任何東西都更顯著的影響別人對他的信任和尊敬。」——富蘭克林

「正直並不是為了做該做的事而有的態度，正直是使人快速成功的有效方法。」——亞伯拉罕．林肯

「君子坦蕩蕩，小人常戚戚。」——孔子

做一個正直的人

正直的品行會給一個人帶來許多好處：友誼、信任、欽佩和尊重。人類之所以充滿希望，其原因之一就在於人們似乎對正直的品行更具有一種近於本能的識別能力，而且不可抗拒的被它所吸引。

無論你在任何時候、任何情況下，和什麼人在一起，都要忠於自己、言行一致、堅守自己的信仰及價值觀，這便是正直的表現。

如果你不正直，最終將失去一切。因為，別人無法相信你，不願和你一起工作，或跟你進行交易。如果沒有人願意和你共事，你的事業將會失敗，無論任何一種事業的結果都將一樣。

做一個正直的人

一位推銷員講道：大學畢業後，我曾經在一家銷售牛乳代替品的乳液飲料公司工作，我是一名經銷商，業績達到全公司最高點，並擁有兩個銷售站，但是由於公司內部分領導人員缺乏正直及踏實的精神，導致整個公司瓦解。

任何一位進入銷售業的人都知道，基本上，金錢是一切的出發點。人們進入公司工作是為了要賺錢，這並沒有什麼不好，相反的，對那些不這麼盤算的人反而使我感到不安，因為在我們的周圍，沒有任何一件事情不需要花錢。

當然，家人、友情及人際關係則是建立在一些比金錢更重要的事情上。但是在商言商，只要我們進入商業圈，不管是職員、顧問、老闆、合夥人或消費者都和金錢脫離不了關係。

專注於你是誰而不是你做了什麼，因為你是誰正是你的價值所在。

你到底是什麼樣的人？你重視什麼？你怎麼過生活？你和其他人有什麼關係？你有什麼特質？這些才是唯一重要的事情。因為，你是什麼樣的人將決定你做什麼樣的事。

一個正直的人會在適當的時機做該做的事，即使沒有人看到或知道。亞伯拉罕．林肯說得好：「正直並不是為了做該做的事而有的態度，正直是使人快速成功的有效方法。」

正直、誠實、一貫性、堅持、負責——這些都是使一個人成功的特質。而我認為這些也是我們人生中最值得追求的目標。

你覺得自己是這樣一個人嗎？我認為，「做一個正直的人」應該是每個人首先要實現的目標。

正直就是力量，在一種更高的意義上說，這句話比知識就是力量更為準確。沒有靈魂的精神，沒有行為的才智，沒有善良的聰明，雖說也會產生影響，但是它們都只會產生壞的影響。

正直人品表現為襟懷坦蕩，秉公持正，堅持原則，剛正不阿。正直的反面則是偽善狡詐。正直的人，對人對事公道正派，言行一致，表裡一致。虛偽狡詐的人偽善圓滑，曲意逢迎，背信棄義，拿原則做交易。正直和真誠是互相緊密連繫的，只有真誠才能正直，反之亦然。觀察一個人，可以把這兩個方面連繫起來，看他是真誠直爽，還是虛偽圓滑；是光明正大，還是陰險詭詐。這是區別人品的重要標準。

正直的品格並不是與每個人的生命息息相關，但它卻成為一個人品格的最重要方面。正如一位古人所說的：「即使缺衣少食，品格也先天的忠實於自己的德行。」具有這種正直品格的人，一旦和堅定的目標融為一體，那麼他的力量就可驚天動地，勢不可擋。

正直的人有一定之規

正直的品性總是為真正的睿智者和成功者所推崇。正直是什麼？正直意味著高標準的要求自己。許多年前，一位作家在一次倒楣的投資中，損失了一大筆財產，趨於破產。他打算用他所賺取的每一分錢來還債。三年後，他仍在為此目標而不懈的努力。為了幫助他，一家報紙組織了一次募捐，許多人都慷慨解囊。這的確是個誘惑，因為有了這筆捐款，就意味著結束了折磨人的負債生涯。然而，作家卻拒絕了。幾個月之後，隨著他一本轟動一時的新書問世，他償還了所有剩餘的債務。這位作家就是美國著名短篇小說家馬克．吐溫。

正直還意味著有高度的名譽感。名譽不是聲譽，偉大的弗蘭克．賴特（Frank Lloyd Wright）曾經對美國建築學院的師生們說：「達種名譽感指的是什麼呢？那好，什麼是一塊磚頭的名譽感呢？那就是一塊實實在在的磚頭；什麼是一塊板材的名譽呢？那就是一塊地地道道的板材；什麼是人的名譽呢？這就是要做一個真正的人。」弗蘭克．賴特恰恰如此，他不愧為一個忠實於自己做人標準的人。

正直意味著具有道德感並且遵從自己的良知。馬丁．路德在他被判死刑的城市裡面對著他的敵人說：「做任何違背良知的事，既談不上安全穩妥，也就更談不上明智。我

堅持自己的立場，上帝會幫助我，我不能做其他的選擇。」

正直意味著有勇氣堅持自己的信念，這一點包括有能力去堅持你認為是正確的東西。正直意味著自覺自願的服從，從某種意義上說，這是正直的核心，沒有誰能迫使你按高標準要求自己，也沒有誰能勉強你服從自己的良知。

正直使人具備冒險的勇氣和力量，正直的人歡迎生活的挑戰，絕不會苟且偷安，畏縮不前。一個正直的人是有把握相信自己的人，因為他沒有理由不信任自己。

正直還會給一個人帶來許多好處：友誼、信任、欽佩和尊重。人類之所以充滿希望，其原因之一就在於人們似乎對正直具有一種近於本能的識別能力——而且不可抗拒的被吸引。

怎樣才能做一個正直的人呢？第一步就是要鍛鍊自己在小事上做到完全誠實。當不便於講真話的時候，也不要編造小小的謊言，不要去重複那些不真實的流言蜚語，不要把個人的電話費用記到辦公室的賬上等等。

這些事聽起來可能是微不足道的，但是當你真正在尋求正直並且開始發現它的時候，它本身所具有的力量就會令你折服，使你在所不辭。最終，你會明白，幾乎任何一件有價值的事，都包含有它自身的不容違背的正直內涵。

這就是萬無一失的成功的祕方嗎？是的。它之所以是百靈百驗的，正是因為它與人的欲望、金錢、權力以及任何世俗的衡量標準毫不相干，如果你追求它並且發現了它的真諦，你就一定能成為一個富有魅力的人。

做一個真誠的人

要真誠的做人處事，思想、品格、言行都要真誠，都要發自內心、自然而然的表現出來。不加修飾，由內而外散發的美，才是最吸引人的、光彩奪目的美。而真誠的反面是虛偽，自欺欺人。靠戴假面具過日子，虛偽矯飾的人一生都在演戲，給人留下偽佞可憎的形象，自己也會因此喪失心靈的本性，忍受心理上的折磨。只有真誠坦率的人才會不失本色，才能自然具有吸引人的魅力。

一個人說話誠實，做事誠實，內心真誠，就會令人信服，故真誠可以消除隔閡，化解矛盾，促進人際關係的和諧團結。古人有「精誠所至，金石為開」的格言，這是說精誠的力量可以貫穿金石，何況人心呢。至誠之心的確有巨大的精神力量。三國時，諸葛亮對孟獲七擒七縱，終於使孟獲心悅誠服，化解了漢族和少數民族長期積存的矛盾，便是一個有說服力的例證。

今天，我們仍然要實行真誠待人的原則。上級要以誠對待部屬，父母要以誠對待子女，企業經營者要以誠對待顧客，每一個人都要以誠對待同事和朋友……以誠待人，才能得到友誼和真情，才能得到別人的信任和尊敬。人際交往如果離開誠實的原則，相互欺騙，爾詐我虞，那麼，人世間便不會有真情之誼，更不會有團結緊密的人際關係了。

真誠的低層次要求是不說謊，不欺騙對方，但在複雜的社會和人生活動中，目的和手段有時是有一定的區別的。例如醫生為了減輕病人的痛苦，以利於治病救人，往往向病人隱瞞病情，編造一套善意的謊話說給病人，這樣才能使病人早日康復。它表現出的並不是虛偽，而是更高、更深層的真誠。

真誠對待每一個人

美國第二十六任總統狄奧多．羅斯福說：「成功的第一要素就是懂得搞好人際關係。」可見良好的人際關係對成功者的一生是多麼的重要。

每一個成功者的背後都有一個良好的人際關係圈，他們不管遇到什麼困難，都有人相助，因此也就容易成功。所以人際關係對每個人真的很重要，它的好壞直接影響每個人的工作和事業，如果誰缺乏別的幫助，就不可能達到成功的目的。

真誠對待每一個人

要想自己有良好的人際關係，就必須要真心誠意的關心別人。心理學家研究表明一個人只要真心對別人感興趣，兩個月內就能比一個要別人對他感興趣的，在兩年內所交的朋友還要多。真誠就是這樣成為人們最可貴的精神品格。

你如果真誠的對待自己的朋友、同事或陌生人，他們同樣也會以真誠來回報你，這樣不僅改善了自己的人際關係，而且也樹立了自己的公眾形象，從而有利於自己的成功。

你也許讀過幾十本有關人際交往的書，恐怕還沒有找到對你來說更有意義的方法。但阿德勒的這句話很深刻，相信對你會有啟發：「對別人不真誠的人不僅一生中困難最多，對別人的傷害也最大，人類所有的失敗幾乎都出自這種人。」

如果你要交朋友，就要挺身而出為別人效力，並且是真心真意的這樣，路才會越走越寬。所以，良好的人際關係在你做事的過程中會起到重要的作用。

完善的品格魅力，其基本點就是真誠，而真誠待人，恪守信義也是贏得人心、產生魅力的必要前提。待人心誠一點，守信一點，就能更多的獲得他人的信賴、理解，能得到更多的支援、合作，由此可以獲得更多的成功機遇。

我們主張知人而交，對不甚了解的人應有所戒備；對已經基本了解、可以信賴的朋友，應該多一點信任，少一些猜疑；多一點真誠，少一些戒備。你完全沒必要對你的那

些完全值得信賴的同學真真假假，閃爍其詞，含糊不清，因為這種行為實在是不明智的行為。我國著名的翻譯家傅雷先生說：「一個人只要真誠，總能打動人的，即使人家一時不了解，日後便會了解的。」他還說：「我一生做事，總是第一坦白，第二坦白，第三還是坦白。繞圈子，躲躲閃閃，反易叫人疑心；你耍手段，倒不如光明正大，實話實說，只要態度誠懇、謙卑、恭敬，無論如何人家都不會對你怎麼的。」以誠待人是值得信賴的人們之間的心靈之橋，透過這座橋，人們打開了心靈的大門，並肩攜手，合作共事。自己真誠實在，肯露真心，敞開心扉給人看，對方肯定會感到你信任他，從而卸載猜疑、戒備，把你作為知心朋友，樂意向你訴說一切。其實，每個人的思想深處都有封鎖的一面和開放的一面，人們往往希望獲得他人的理解和信任。然而，開放是定向的，即向自己信得過的人開放。以誠待人，能夠獲得人們的信任，發現一個開放的心靈，爭取到一位用全部身心幫助自己的朋友。在人們發展人際關係與他人打交道的過程中，如果防備猜疑被誠信取代，就往往能獲得出乎意料的好成績。

與人交往，一定要注意以下幾點。

以誠待人要坦蕩無私、光明正大。一旦發現對方有缺點和錯誤，特別是對他的事業關係密切的缺點和錯誤，要及時的指正，督促他立即改正。批評確實不大討人喜歡，但不妨換個角度去使他理解接受，從而溝通彼此心靈，發展友情。

應當知人而交。當你捧出赤誠之心時，先看看站在面前的是何許人也，不應該對不可信賴的人敞開心扉。否則，適得其反。

要想得到知己的朋友，首先得敞開自己的心懷。只有講真話、實話、不遮掩、不吞吐，才會換得朋友的赤誠和愛戴。正如革命老前輩謝覺哉同志在一首詩中寫道：「行經萬里身猶健，歷盡千艱膽未寒。可有塵瑕須拂拭，敞開心肺給人看。」

做一個誠信的人

有的人認為現在的社會環境很浮躁，是一個誠信稀缺的時代，那麼在這種大環境下，一個人若講究誠信未免太容易「受傷」。其實這種看法是錯誤的。

一個不誠信的人，「講話無人信，喝酒無人敬」，在這個人與人互動互助更加密切的今天，要想獲得事業、愛情、友誼的成功是很困難的。

誠信是做人原則中最根本的一條。一個人如果時時、處處、事事講信用，那麼他的事業將一定會走向成功，人生將會亮麗多姿。

誠信乃做人之本，這是多少成功人士恪守的人生準則。人生向上的基礎是誠、敬、信、行。誠是構成我們中國人文精神的特質，也是中國倫理哲學的標誌。誠是率真心、真情感，誠是擇善固執，誠是用理智抉擇真理、以達到不疑之地。不疑才能斷惑，所謂「不誠無物」就是這個道理。而「信」則是指智信，不是迷信、輕信，這種信依賴智慧的抉擇到達不疑，並且堅定的踐行。

有人認為，成功與否主要取決於能否做一個問心無愧的好人；能否保持誠、敬、信。誠實是坦誠相見，問心無愧。

孔子講「民無信不立」，孟子說「言而有信，人無信而不交」。信用是一種承諾，一種保證，一種真誠；信用就是一諾千金，做人最根本的一條便是講誠信。誠信，就是要說真話，道實情，守信用，講信任，說話算話。在我們中華民族博大精深的文化底蘊中，誠信二字的分量可謂沉甸甸的。因為講誠信，劉備實現了自己的目標，「我得軍師，如魚之得水也」。他充分信任、重用諸葛亮，最終成就了一番事業。同樣因為講誠信，諸葛亮知恩圖報，輔助後主，力保蜀漢政權，鞠躬盡瘁，死而後已。還是因為講誠信，關羽銘記「桃園結義」的誓言，「身在曹營心在漢」，「千里走單騎」，歷盡千辛萬苦也要回到劉備身邊。人們崇拜諸葛亮，敬仰關羽，就是崇拜、敬仰他們這種誠信的可貴品格。

不管在哪個時代，人都不能離群索居。人和人之間要有順暢的交流、溝通，彼此尋求寄託與撫慰，這是對個體存在的認證，更是對生存狀態的肯定。而彼此認同的產生其實就是一個彼此信任、互相接納、多元包容的過程。作為社會的最小個體存在，我們不能要求別人重守承諾，但我們自己卻能做到真誠守信，信任他人。中華民族乃禮儀之邦，向來都是重信守諾，是講「信用」的民族。在傳統社會裡，我們的倫理道德觀念中「信用」的核心是強調對事業的忠誠，對朋友的信義、對愛人的忠貞以及做事誠實等等。在市場經濟條件下，信用指的是一個人資信記錄，是指一個人的負責任的能力，不只是簡單的道德人品問題。信用是一個人內在氣質的綜合反映，是衡量一個人綜合素質的重要指標，是一個人發展的必備品德。

誠信是一種情感的表達。無論是夫妻、朋友還是同事甚至是陌生人，良好的溝通與交流講求的都是真情流露，這是建立在真誠表達、無欲無求的基礎之上的。現在，社會越來越開放，人際交往越來越頻繁，要獲得別人的情感認同，不斷取得信任，就應該「己所不欲，勿施於人」，「己欲立而立人」，從小事做起，友善待人。要知道，不管時代怎麼變，為人處世的基本準則都不會變，也不能變。

二十世紀著名的心理學家馬斯洛（Abraham Harold Maslow）在研究大量著名人物經歷的基礎上，總結出有成就者的健康個性特徵，其中第一點就是能與現實建立比較愉快的關係，厭惡虛假的東西和人際關係中不真實的行為；自發、淳樸、天真，率性而發，自然流露。馬斯洛還總結出一個人要走向成功或走向健康個性有八條途徑，其中兩條是

與誠實相關，如當有懷疑時，要誠實的說出來而不要隱瞞，在許多問題上反躬自問都意味著承擔責任。因此，真誠是成功者的必備素質，誠實是一個人成功的潛在力量，它將使你與眾多的人建立密切和諧的關係，為生活大廈建立堅實的基礎。

信任和真誠是事物的兩面。所謂「信，誠也」，指的就是心口合一。一個人必須先做一個真誠和守信用的人，然後才能獲得他人的真誠和信任。中國歷來有「一諾千金」、「言必信，行必果」的說法，指的就是做人要重諾言、守信用。諾言之所以能成為力量，前提是因為守信用。社會秩序是建立在人與人之間能遵守約定的基礎上，種種約定或約束，都是為了生活更有秩序、更加圓滿。能否實踐諾言，是衡量人類精神是否高尚的準則，一切的道義、道德都表現在守約上。如果守約的精神日漸衰微，那麼，社會各個層面的每個人都將蒙受其害。

一個守信用的人，他的自我是純真的、穩定的、健康的，表現出一種理想的道德力量和意志力量，為他人所信賴。率真是真誠的另外一種重要的品格，它指的是一個人能如實的展現自己，不自欺欺人，這是建立在真實基礎上的自尊自重。莎士比亞在《哈姆雷特》中說：「對自己要誠實，才不會對任何人欺詐。」因而，真誠和守信用是一個人自尊自重的表現。

一位記者說：「一個人真誠、信任與否，涉及到他是否有自尊自重的素質。我想，誠信的人必然能夠得到他人誠信的回報。在與他人的交往中，我們先要以誠待人、相信他人，這應當是交友處世的第一原則。至於他人會對我們怎樣，那是另外一回事。在實際的交往中，自然能夠積累經驗，用不著過於擔心被矇騙。」

另一位記者說：「的確如此，這就好像使用『信用卡』一樣，你必須先存入資本，才有資格和條件使用它，受惠於它。如果一個人只想使用和受惠，不想存入資本，那是不可想像的。」

一位教授說：「對人必須講真誠和信任，我贊同這種做人的第一原則，但在實際的操作中，還是要講靈活性的，『道不同則不相與謀』，真誠和信任的付出還是憑經驗和智慧來得實在，以免真誠信任遭受虛偽欺詐的褻瀆。在與陌生人的交往中，套用一句諺語說就是『既要相信真主，又要綁好自己的駱駝。』」

誠信的基礎是信用。誠信就像是一輛直通車，選擇的是溝通心靈距離的最佳路徑，喚起的是一種大家發自肺腑的參與感、認同感和榮譽感。

在這個時代，人格信譽是自身最寶貴的無形資產，是每個人的立身之本。香港著名商人李嘉誠總結自己的成功經驗時說：「人的一生最重要的是守信，我現在就算有多十倍的資金，也不足以應付那麼多的生意，而且很多是別人找我的，這些都是為人守信的結果。」一個誠信的人他的一生將因此受益無窮。

靠誠信塑造個人魅力

有許多諾言能否兌現得了，不只是決定於主觀的努力，還有一個客觀條件的因素。有些照正常的情況是可以辦到的事，後來因為客觀條件起了變化，一時辦不到，這是常有的事。我們在工作和生活中要取得誠信，不要輕率許諾，許諾時不要斬釘截鐵的拍胸脯，應留一定的餘地。當然，這種留有餘地是為了不使對方從希望的高峰墜入失望的深谷，而並不是給自己不作努力埋下契機。

在與人交往時，我們常會聽見或說過那些並非出自本意的客套話，而人們對於這些社交辭令也往往不加重視。

比方說，當一群人在談論戲劇時，你可能會聽到這樣的對話：「我非常喜歡欣賞戲劇，尤其是刻畫現代人生活點滴的戲。」

「你真喜歡那樣的戲呀！真巧，我認識一位劇場經理，他們的劇場最近要推出你欣賞的戲種，這樣吧！改天我幫你要一張門票。」

這是極典型的雙方均不認真的社交會話。如果說這是約定，倒不如說它是談話時的潤滑劑。

如果有一天，當你與客戶談話談到海南的椰子很有名時，你說出此話的原因，當然不是在暗示他，你想要吃椰子，而只是將名產列入話題罷了！因此，在聽到這位客戶說「正好下周我去海南，到時候我帶來兩隻送給你」後，你自然擺出一副煞有介事的模樣，回應「好啊！」實際上，你從未將此話當真。

但令你吃驚的是，一星期後你收到了這位客戶送來的椰子！你會驚訝，是因為料想不到在世界上竟然還有如此老實憨厚的人。也許就是這一次，會讓你對這位客戶的印象非常良好。

所以，在交往中確實的履行自己所作的「改天我……」的承諾，必能打動對方的心。

然而，或許有人會認為自己與對方的態度不同，何必如此認真的履行承諾。不過，就因為對方的不當真，而你卻以認真的態度面對所做的「約定」，這樣產生的效果才會更大。換言之，對方對你這種履行諾言的誠信行為，引發出的喜悅及讚賞會隨著吃驚程度而成正比增加。

認真的履行自己所作的「改天我……」的承諾，不管是進行感情投資，還是讓他人愉悅舒坦，都不失為一個妙策。

在面對自己曾許下的諾言時，常以馬虎輕率的心態處理。

比如說，有人以為逢人便說「改天我們去吃個飯吧」或「改天我們去喝杯咖啡」是八面玲瓏的做法。實際上，所得到的效果卻適得其反。

在表面，對方也會因場面的關係而應聲附和，但在私底下卻對你經常開支票，而且是不能兌現的空頭支票，會產生極大反感，對你的信賴更是逐漸降低。

曾子殺豬取信說的就是這樣一個故事。一天，曾參的妻子上街，兒子哭著要跟著去，妻子哄他說「你在家裡等著，媽媽回來殺豬給你吃！」兒子信以為真，不哭鬧了。妻子從街市回家，只見曾參正拿著繩子在捆豬，旁邊放著一把雪亮的尖刀。妻子趕上去說：「我剛才是哄孩子，你怎麼當真呢？」曾參嚴肅而認真的說：「那可不行，當父母的不能欺騙孩子。如果父母說話不算數，孩子小不懂事，就會跟著學，這樣就起了教孩子說假話騙人的作用，那就太不好了。」妻子為難的說「那可怎麼是好？」曾參果斷的說：「就照你說的辦吧！這叫『言必信，行必果』。」

有的人面對別人的請求時，雖然心裡很想拒絕，但是覺得拒絕了對方，便是傷害了對方的自尊心，或是擔心被指責為不講義氣，所以就違心的答應下來，隨後懊惱不已，因為不能夠去實現，往往失信；有的人好輕易許諾，以顯熱情，但又沒有足夠的能力兌現諾言，往往失信；有的人事到臨頭或興奮時刻，慨然應允給別人某件物品，以示慷慨，可冷靜之後，又十分捨不得，後悔莫及，吝嗇占了上風，常常失信；有的人對於自己根本辦不到的事，也拍胸脯，打包票，事後總不能兌現，時時失信。他們往往不知道做人要以嚴格守信為先，不知道既然許諾他人，就要不惜一切的給予絕不能吝嗇，就要竭盡全力去實現而毫不動搖的道理，這樣做的後果往往使他人懷疑和不信任你。

所以，是否對他人許諾要根據自己的實際情況來決定，當自己無能為力或心裡不願給予或是難以給予的時候，我們應保持緘默，或者誠實的說一聲「不」、「對不起」。在回絕的時候應做到友好、輕鬆、誠懇，因為這樣的拒絕並非惡意，別人會理解你的苦衷並給予體諒的。

信譽許諾是非常嚴肅的事情，對不應辦的事情或辦不到的事，千萬不能輕率應允。一旦許諾，就要千方百計去兌現。否則，就會像老子所說的樣：「輕諾必寡信，多易必多難」，一個人如果經常失信，一方面會破壞他本人的形象，另一方面還將影響他本人的事業。

明代《郁離子》一書中有如下一則商人因失信而喪生的故事：濟陽某商人過河船沉，他拚命呼救，漁人划船相救。商人許諾：「你如救我，我付你一百兩金子。」漁人把商人救到岸上。商人只給了漁人八十兩金子，漁人斥責商人言而無信，商人反責漁人貪婪。漁人無言走了。後來，這商人又乘船遇險，再次遇上漁人。漁人對旁人說：「他就是那個言而無信的人。」眾漁人停船不救，商人淹死河中。這就是言而無信的後果。

做一個負責的人

俗話說：一人做事一人當。不管你的言行為你帶來了怎樣災難性的結果，你都要直面承擔。一個負責任的人，給他人的感覺是值得信賴與依靠。而對於一個說話辦事不負責任的人，沒有人願意走近他，支持他，幫助他。

著名成功學家戴爾．卡內基有一次在電臺發表演說，談論一本名著的作者。由於不小心，他兩次把這位作者的故居康科特鎮說成在新罕布什爾州，而正確的是在相鄰的麻塞諸塞州。結果，卡耐基的錯誤遭到了不少來信來電者的指責批評。一位從小在康科特鎮長大的女士，甚至寫來一封憤怒加辱罵性的信。卡內基幾乎被激怒，他覺得自己雖然在地理上犯了一個不大的錯誤，但是那位女人在普通禮節上犯了更大的錯誤。

但是卡內基克制了自己準備回擊的衝動，他知道相互指責和爭論是毫無意義的。自己錯了，就應該主動迅速的承認，這才是最好的策略。於是他在廣播裡向聽眾認錯致歉，事後還特意給那位侮辱他的女士打電話，向她承認錯誤，並表示歉意。

結果那位女士反而為自己寫那封發洩憤怒的信感到慚愧。她說：「卡內基先生，您一定是個大好人，我很樂意和您交個朋友。」卡內基主動承認錯誤的策略，化干戈為玉帛，將一個憤怒的人變成了一個和善的朋友。卡內基認為，任何人都會犯錯誤。如果我們錯了，自己主動承認，不是比別人來指責批評更好受嗎？而且，一個人有勇氣承認自己的錯誤，還可以獲得某種程度的滿足感。

讓我們對比一下成功的人和失敗的人，我們就會發現成功的人都是勇於承擔責任的人，失敗的人都是害怕承擔責任的人。失敗的人會為自己的失敗尋找各種各樣的藉口，而成功的人在面臨失敗和錯誤以後，能夠及時的尋找出問題的癥結所在，並努力克服和改正。或許可以這樣說：「只有勇於承擔責任的人，才是主宰自我生命的設計師，才是命運的主人，才能獲得生命的自由。」

勇於承擔責任，別人就會為你的態度所打動，對你產生信任。由於信任就會產生依靠，你在生活中就會一呼百應，無往不勝。信用越好，人緣就越好，機會就越多，就愈能打開成功的局面。雖然在做事的過程之中，每個人都會犯錯誤，但是一定要能自己主動承認錯誤，不推卸責任，這樣才能贏得別人的尊重。

「一切責任在我」。一九八〇年四月，在營救駐伊朗的美國大使館人質的作戰計畫失敗後，當時的美國總統吉米．卡特立即在電視裡作了如上的聲明。

在此之前，美國人對卡特總統的評價並不高。甚至有人評價他是「誤入白宮的歷史上最差勁的總統」。但僅僅由於上面的那一句話，支持卡特總統的人居然驟增了百分之十以上。

沒有責任的生活就輕鬆嗎？有時候逃避責任的代價可能還更高。不必背負責任的生活看起來似乎很輕鬆、很舒服，但是他們必須為此付出更大的代價。因為我們會成為別人手上的球，必須依照別人為我們寫的劇本去生活。

生活中最大的滿足就是發掘自己的潛能。如果我們不為自己負責，則不可能提升魅力。

別把責任往外推

一位大學心理學教授說：「一個人發展成熟的最明顯的標誌之一，是他樂於承擔起由於自己的錯誤而造成的責任。有勇氣和智慧承認自己的錯誤是不簡單的，尤其是在他們很固執和愚蠢的時候。我每天都會做錯事，我想我一生幾乎都會是這樣。然而，我力圖在一天裡不把同一件事情做錯兩次，但要想在大部分時間裡都避免這種錯誤，那就不是件容易的事了。可是，當我看見一支鉛筆的時候，我就會得到一些寬慰。我想，當人們不犯錯誤的時候，人們也就用不著製造帶有橡皮頭的鉛筆了。」

「不要問你的國家為你做了什麼，而要問一問你為國家做了什麼。」這是約翰．甘迺迪當年競選總統的演說詞。

別把責任往外推

事實上，不僅年輕人，包括許多中老年人仍有一種幼稚的心態。總是不停的發牢騷，卻很少反問自己。公民抱怨國家，職員報怨公司，卻不去從自己身上找問題。先別問社會給你了多少，先問問你自己為社會做了多少貢獻。那些不從自身找問題，卻終日抱怨的人，只不過是一些高齡兒童在撒嬌而已。

比如，大多數人對於自己的財務狀況總是漫不經心。但是也難怪，因為他們沒有學習的管道啊！在財務方面，父母親不是個好模範，學校裡老師也沒有教他們「如何創造財富」的課程，而社會只會刺激他們多多消費，於是到處都是超前消費的現象。

你周圍的一部分人也算不上是好榜樣，抱怨沒有錢好像變成了一種流行的趨勢，每個人都愛說：「錢所剩無幾，但日子還長得很呢！」因此對許多人來說，「金錢」是個無聊且令人頭痛的話題，還說「有錢的人不談錢」、「金錢不是萬能的。」但是如果你對金錢漫不經心，等到身陷財務窘境時，錢就會變得太重要。也就是說：你必須避免讓金錢在生活中扮演一個過高的地位，所以你必須負起責任。

如果你認為金錢可以解決所有的問題，那你就太單純了。但如果你認為利用金錢，交不到有趣的朋友、無法到處旅遊、不能進行其他工作，那麼你的天真可不亞於前者。

我們可以利用財富做什麼，答案在未來自然會揭曉。我們能為財富做什麼，也會在未來一一顯現。我們應該像設計師一樣，設計我們的未來，現在就先擬出一個夢想生活的模型。這一點古巴比倫人最在行，他們的先知曾說：「我們的智慧隨著生活出現，取悅我們，幫助我們。然而同樣的，我們的無知也隨著生活出現，讓我們痛苦，讓我們受難。」

你將會看到，財富，不論它是有形的還是無形的，實在比大多數人想像中的還要美好。累積財富也比大多數人想像的簡單多了。但你必須擔負責任，並努力不懈。貧窮總是不請自來；當你拒絕負責任時，它自然會產生。想要致富，你必須做些最基本的功課。萬事從「頭」開始，未來幾年你能擁有多少財富，包括精神上的財富，是你自己必須負責的，而不是別人。

有些事情是你影響不了的，卻可以決定對這些事情的看法和反應，如此一來，你還是擁有了力量。「責任」意味著沒有任何事物可以改變你的想法和完整性，因為你是以你的身分回應所有事物的。你可以決定你的生活方式，這種想法讓你生活滿足，並成為最好的你。如果你能負起責任，未來幾年你一定能夠成為一個舉足輕重的人物。

把責任往別人身上推，不正是赤裸裸的劣根性嗎？問題是你把責任往別人身上推的同時，等於將自己的人格推掉了。我們就是那麼輕易的把責任推給別人，然後又若無其事的站在一旁抱怨都是公司的錯，害我不能發揮所長，都是同事的錯，或我的健康情形害我不能怎樣等——請問，我們希望讓公司、同事和我們的健康來操控我們嗎？要記住，只有勇於承認錯誤的人才能擁有魅力。基於這個原因，為什麼不能很樂意的扛起這個錯，如果你喜歡掌握自己的生活的話。

如果我們過去曾犯過錯，現在該怎麼辦呢？責任的歸屬又如何？過去發生的事，其影響力有時會延續到今後。比如，一個男人離了婚必須付贍養費，也有人毀了自己的健康，日後在飲食上的禁忌一大堆，或有人犯了罪，最終難逃牢獄之災。

很明顯的：我們自己決定我們的行為，也必然招來這些行為所帶來的後果。蹺蹺板原理正說明這種連鎖反應。這個認知告訴我們，我們應該以更負責的態度去生活。

那麼究竟該如何看待已經發生的事情？我們必須承認，實在無法控制錯誤所帶來的後果。但這絕對不表示我們可以把責任推給過去。我們必須對自己對後果的看法與反應負責，認清我們對於錯誤招致的後果之反應其實影響深遠。問題是：我們想要贏回掌控下一次事件的力量嗎？還是讓我們的錯誤和後果擁有操控下一次的力量？當我們負起責任的那一刻，所有的負面情緒都將消失。

第八章　仁愛為先，寬容為懷

也許有些人會以為，只要有一個聰明的腦袋，學到足夠的文化知識，人的魅力就自然閃亮。實則不然，一個人要想得到盡可能多的人氣，還必須學會寬厚和仁愛，只有這樣，才能從而為自己的發展掃平障礙。

「愛經常會讓人們的心靈發生顫動，因為我們太缺乏愛了。」——漢森（Knut Hamsun）

「善良的心永遠像遠方的的皓月一樣美麗動人，最為純潔。」——莎士比亞

「行善者叩擊門環，仁愛者卻發現門已開啟。」——泰戈爾

「人心不是靠武力征服，而是靠愛和寬容大度征服。」——史賓諾沙（Benedictus de Spinoza）

「寬容是化解一切仇恨的最好方法，理解是解決一切問題的關鍵。」——愛默生

愛人者，人恆愛之

人際關係的黃金法則是：你如何對待別人，別人也會採取同樣的方式對待你。愛人者，人恆愛之。如果一個人真誠的關愛別人，就能得到別人真誠的愛。做人要有仁愛之心，正像一首歌詞所唱的那樣：「只要人人都獻出一點愛，這世界將變成美好的人間。」

「仁愛」是人類社會的精髓，無論是我國佛、道、儒三教，還是國外的基督等教，都無一不將「仁愛」作為一個中藥的教義。先哲孔子是一個畢生宣揚「仁愛」精神的一個人。對於「仁」的定義，他認為「仁」即「愛人」，並提出了「己所不欲，勿施於人」，「己欲立而立人，己欲達而達人」的「忠恕」之道。儒家思想長期占據我國歷史的統治地位，仁愛是儒家思想的主要內容，仁愛思想被歷代賢哲智士不斷弘揚光大。仁愛也是和諧社會的重要思想基礎。仁愛講究奉獻，不求索取；仁愛提倡扶危濟困，尊老愛幼。仁愛作為一種做人的美德，成為古今中外各界人士所崇尚的行為。

具體到在前面所提及的小貝佐斯告訴祖母吸菸短壽的事件上，我們可以看出一個十歲孩子的聰明。從祖母三十年所抽的煙的數目，到這些煙縮短了祖母多少分鐘的生命，再將分鐘折算成天數。整個計算的過程涉及到較大數字的加減乘除，對於一個十歲的孩子來說是有難度的。貝佐斯沒有計算錯，他說的也是實話，但他錯在沒有表現出「仁愛」之心。這對於一個十歲的孩子來說，也許很難。但作為成年人，我們一定要注意平衡聰明（或真相）與仁愛之間的平衡。

子曰：「唯仁者，能好人，能惡人。」做人要有標準，雖然很多人在課本裡面學了一堆價值觀、人生觀、世界觀，可是卻依舊迷失困惑，就是因為他不知仁啊。只有具有了仁愛之心，才可以正確的判斷，怎麼樣做才是真正的對人好，怎麼樣做其實是害人。

對人仁者，人亦回報其以仁。清代著名的晉商喬致庸之所以能成為一個成功的商人，一個重要原因就是他有一顆仁愛之心。喬致庸以天下之利為利，開票號實現匯通天下的目標，不是為了自己發大財，而是為了方便天下商人。開拓武夷山茶路不僅是為了自己發財，更多的是考慮如何解除廣大茶農的生活之困。當有人出高價收購他經營的茶市時，他毅然撤出，這是一般的商人很難做到的。在喬家門前，常年拴著三頭牛，誰家要用，只需招呼一聲，便可牽去用一天；每年春節前夕，喬家大門洞開，喬致庸會拉出一扇板車，滿載米、麵、肉，誰家想要，只要站在門口招招手，便可隨意取去。喬致庸就是憑著一顆仁愛之心，凝聚了一大批鐵杆夥計，他雖然多次歷經災難，幾乎家破人亡，但這些夥計卻全力以赴、鼎力相救，一次次使他轉危為安、化險為夷，沒有夥計在危難時刻離他而去。這全是仁愛之心使然。大災之年，他開粥棚救濟十萬災民，家人與災民同鍋喝粥，為了支撐粥棚幾乎傾家蕩產。

而對人害者，人亦報以其害。《喬家大院》裡的祁縣何家，因經營煙館生意，賺了不少錢，但做的是缺德事，害的是老百姓，因此不得好報。何家少爺也因長期抽鴉片毀壞了身體，疾病纏身，不能過正常人的生活，花了大筆銀子娶回江雪英不久便一命嗚呼，撒手人寰，萬貫家財盡落他人之手，得到了應有的報應。

用寬容打開愛之門

古人說「有容德乃大」，又說「唯寬可以容人，唯厚可能載物」。從社會生活實踐來看，寬容大度確實是人在實際生活中不可缺少的素質。做人要胸襟寬廣，要有寬容平和之心，這不僅是一種魅力，更是成功人生的一種要素。

一個以敵視的眼光看世界的人，對周圍人戒備森嚴，心胸窄小，處處提防，他不可能有真正的夥伴和朋友，只會使自己陷入孤獨和無助中；而寬宏大量，與人為善，寬容待人，能主動為他人著想，肯關心和幫助別人的人，則討人喜歡，易於被人接納，受人尊重，具有魅力，因而能更多的體驗成功的喜悅。

經歷一次寬容，就會打開一道愛的大門。

在十八世紀，法國科學家普魯斯特（Joseph Louis Proust）和貝托萊（Claude Louis Berthollet）是一對論敵。他們圍繞定比定律爭論了有九年之久，他們都堅持自己的觀點，互不相讓。最後的結果是普魯斯特獲得了勝利，成了定比這一科學定律的發明者。但是，普魯斯特並未因此而得意忘形，獨占天功。他真誠的對與他激烈爭論的對手貝托萊說：「要不是你一次次的責難，我是很難進一步將定比定律研究下去的。」同時，普魯斯特特別向眾人宣告，定比定律的發現，有一半功勞是屬於貝托萊的。

在普魯斯特看來，貝托萊的責難和激烈的批評，對他的研究是一種難得的激勵，是貝托萊在幫助他完善自己。這與自然界中「只是因為有了狼，鹿才奔跑得更快」的道理是一樣的。

普魯斯特的寬容是博大而明智的，他允許別人的反對，不計較他人的態度，充分看到他人的長處，善於從他人身上吸取營養，肯定和承認他人對自己的幫助。正是由於他善於包容和吸納他人的意見，才使自己走向成功。

這種寬容實在讓人感動，想到時下學術界中屢見不鮮的相互詆毀、壓制排擠、爭名奪利等文人相輕的現象，讓正直的人倍覺恥辱。

著名天文學家第穀和克卜勒之間的友誼就是一曲優美的寬容之歌。

克卜勒（Johannes Kepler）是十六世紀的德國天文學家，在年輕尚未出名時，曾寫過一本關於天體的小冊子，深得當時著名的天文學家第谷（Tycho Brahe）的賞識。當時第谷正在布拉格進行天文學的研究，第谷誠摯的邀請素不相識的克卜勒和他一起合作進行研究。

克卜勒興奮不已，連忙攜妻帶女趕往布拉格。不料在途中，貧寒的克卜勒病倒了。第谷得知後，趕忙寄錢救急，使得克卜勒度過了難關。後來由於妻子的緣故，克卜勒和第谷產生了誤會，又由於沒有馬上得到國王的接見，克卜勒無端猜測是第谷在使壞，寫了一封信給第谷，把第谷謾罵了一番後，不辭而別。

第谷是個脾氣極壞的人，但是受此侮辱，第谷卻顯得出奇的平靜。他太喜歡這個年輕人了，認定他在天文學研究方面的發展將是前途無量的。他立即囑咐祕書趕緊給克卜勒寫信說明原委，並且代表國王誠懇的邀請他再度回到布拉格。

克卜勒被第谷的博大胸懷所感染，重新與第谷合作，他們倆合作不久，第谷便重病不起。臨終前，第谷將自己所有的資料和底稿都交給了克卜勒，這種充分的信任使得克卜勒備受感動。克卜勒後來根據這些資料整理出著名的《魯道夫星表》，以告慰第谷的在天之靈。

浩瀚如海洋般的寬容情懷，使第谷為科學史留下了一頁光輝的人性佳話。這種寬容像雨後的萬里晴空，清新遼闊，一塵不染。這種寬容像是舔犢情深，對下一輩給予溫暖的關愛和呵護；像是遼闊的大地，讓所有為大地增添靚麗生命的物質，都有自己的一片發展天地；亦像是一條鄉間的小河，讓水草悠悠的生長，讓小魚快樂的游來遊去。

一個人經歷一次忍讓，就會獲得一次人生的亮麗；經歷一次寬容，就會打開一道愛的大門。

寬容會贏得敬重

人與人的交往是很普通的事，因為交往能增進雙方的友誼，交往能促進自己的事業成功，所以人們總是把交往作為人生的一件大事。但總是有些人因脾氣火暴，不懂得寬容謙讓往往事與願違，徒增苦惱。

事後想想，其實大可不必，只要用平和的心態，多一些寬容、謙讓和理解，許多事情是完全可能做得更好的。

著名的石油大王洛克斐勒（John Davison Rockefeller）先生晚年就是一個「大人不計小人過」的人，不論做任何事他都會用平和的心態去寬容理解別人，他說：「不論你是平民百姓，還是達官貴人，都應懂得理解和寬容別人的過失。用一個平常人的心態去同別人交往，這將會對你的一生很重要，它不僅可以使你每天都有一個好的心情，而且還會用對人怨恨的時間去幹一些有意義的事。」

這可是肺腑之言，尤其是出自於向來以尖酸刻薄著稱的洛克斐勒之口！年輕時的洛克斐勒因脾氣火暴而得罪了許多人，以至於有很多人發誓要殺了他。後來因為身體等多方面的原因使他幡然悔悟，從此他便成了一個非常懂得容忍謙讓的人。

洛克斐勒有一個習慣，每月的最後三天，他都要徒步旅行。有一次，他完成了三天的徒步旅行準備乘火車返回總部，他來到加州地區的一個又髒又亂的小車站，在靠門的座位上等車，由於長途跋涉，他顯得很疲憊，身上掛滿塵土，鞋子上沾滿了污泥，顯得老了許多。

列車進站，開始檢票了，洛克斐勒不緊不慢的站起來，還伸了個懶腰，準備往檢票口走。忽然，候車室外走來一個胖太太，她提著一隻很重的箱子，顯得有點力不從心。顯然她也要趕這班車，可箱子大重，累得她呼呼直喘。她左顧右盼，好像是在找人幫她一把，胖太太一眼瞅見了渾身沾滿污泥的洛克斐勒。衝他大喊：「喂，老頭，你給我提一下箱子，我給你小費。」洛克斐勒想都沒想，拎著箱子就和胖太太一起朝檢票口走去。他們剛剛檢完票上車，火車就開動了。胖太太擦了一把汗，慶幸的說：「還真是多虧了你，不然我非誤車不可。」說著掏出一美元遞給洛克斐勒。

洛克斐勒微笑著接過錢，詢問胖太太要到哪裡，胖太太說剛從加州看望兒子回來，邊說邊準備把箱子塞到座位底下，以免阻礙過往乘客。這時，列車長走過來說：「洛克斐勒先生，你好，歡迎你乘坐本次列車，請問我能為你做點什麼嗎？」

「謝謝，不用了，我只是剛剛做了一個為期三天的徒步旅行，現在要返回紐約的總部。」洛克斐勒微笑著謝絕了列車長的關照。

「什麼？洛克斐勒？」胖太太驚叫起來，「上帝，我竟讓著名的石油大王洛克斐勒先生來為我提箱子呢，居然還給了他一美元小費，我這是在於什麼啊？」她忙向洛克斐勒道歉，並誠惶誠恐的請洛克斐勒把一美元小費退給她。

「太太，不必道歉，你根本沒有做錯什麼。」洛克斐勒微笑著說，「這一美元，是我掙得所以我收下了。」說著，洛克斐勒把一美元鄭重的放在了口袋。

真正的大人物，就是懂得如何去寬容和理解平常人，也從來都是用平和的心態同平常人站在一起的。洛克斐勒也是這樣的一種人，他們以寬容和理解贏得了別人對他們更大的尊重。

寬容和理解歷來都是人們想得到而不想付出的，那麼該如何去理解和寬容別人呢？其實寬容和理解不僅是一個人有修養的表現，也是增進你與人友誼的橋梁，如果用平和的心態去寬容和理解別人，別人也會由於你的寬容而感激不盡的，從而也會寬容和理解你，這樣，很多事情都可以非常簡單的解決。

比如，在生活中常常有一些說話沒把握，辦事沒分寸的人，如果把這些人看成是討厭的人，最不願接近的人，那麼就會減少一個朋友；如果用寬容的態度去對待他，那麼也許就會多一個朋友。

所以說，寬容和理解是人際交往中不可缺少的東西，儘管每個人都不是十全十美的，或多或少都會犯一些不盡如人意的錯誤，但還是儘早學會寬容別人吧！寬容別人其實就是為自己的魅力增添光彩。

為了自己，寬容他人

也許是在昨天，也許是在很早以前，某個人傷害了你的感情，而你又很難忘掉它。你本不該得到這樣的損傷，因而它深深的留在你的記憶中，在那裡繼續傷害你的心。

「要是自私的人想占你的便宜，就不要去理會他們，更不要想去報復。當你想跟他扯平的時候，你傷害自己的，比傷到那傢伙的更多……」這段話聽起來好像是什麼理想主義者所說的，其實不然。這段話出現在一份由美國某鄉鎮警察局所發出的一份通告上。報復怎麼會傷害你呢？傷害的地方可多了，根據《生活》雜誌的報導，報復甚至會損害你的健康。「高血壓患者最主要的特徵就是容易憤慨。」《生活》雜誌說，「憤怒不止的話，長期性的高血壓和心臟病就會隨之而來。」

現在你該明白西方人崇尚的聖經裡所謂「愛你的仇人」，不只是一種道德上的教誨，簡直可以說是在宣揚一種另類的醫學。當要求你做到「要原諒七十個七次」的時

候，這實際上是在教我們怎樣讓自己避免罹患高血壓、心臟病、胃潰瘍和許多其他的疾病。

怨恨的心理，甚至會毀了我們對食物的享受。聖經上面說：「懷著愛心吃菜，也會比懷著怨恨吃牛肉好得多。」

如果我們的仇人知道我們對他的怨恨使我們精疲力竭，使我們疲倦而緊張不安，使我們的外表受到傷害，使我們得心臟病，甚至可能使我們短命的時候，他們能不會拍手稱快嗎？

即使我們不能愛我們的仇人，至少我們也要愛我們自己。要使仇人不能控制我們的感情、我們的健康、我們的外表，還有我們的時間和我們的精力。

莎士比亞是一個善於寬待人的人，他說：「不要因為你的敵人而燃起一把怒火，熾熱得燒傷你自己。」

心胸太窄，容不得一個「恕」字，純粹是給自己「添堵」。曹操和周瑜都是三國時代才華橫溢的人，然而兩人的度量卻大相徑庭。

袁紹進攻曹操時，令陳琳寫了三篇檄文。陳琳才思敏捷，斐然成章，在檄文中，不但把曹操本人臭罵一頓，而且罵到曹操的父親、祖父的頭上。曹操當時很惱怒，氣得全身冒火。不久，袁紹兵敗，陳琳也落到了曹操的手裡，一般人認為，曹操這下不殺陳琳就難解心頭之恨了。然而，曹操並沒有這樣做。他羨慕陳琳的才華，不但沒有殺他，反而拋棄前嫌，委以重任。這使陳琳很感動，後來為曹操出了不少好主意。

周瑜是個將才，可是他卻沒有大將應有的度量。周瑜聰明過人，才智超群，然而，妒忌心極重，容不得超過自己的人。他對諸葛亮一直耿耿於懷，幾次欲加害之，均不得逞。赤壁之戰，周瑜損兵馬，費錢糧，卻叫孔明圖了個現成，氣得周瑜「大叫一聲，金瘡迸裂」。後來，周瑜用美人計，騙劉備去東吳成親，又被諸葛亮將計就計，最後是「賠了夫人又折兵」，又氣得周瑜「大叫一聲，金瘡迸裂」。最後，周瑜用「假途滅虢」之計，想謀取荊州，被孔明識破，四路兵馬圍攻周瑜，並寫信規勸他，周瑜仰天長嘆：「既生瑜，何生亮！」連叫數聲而亡，可見周瑜度量之小。無怪連東吳的魯肅也要說：「公謹（周瑜）量窄，自取死耳！」

曆覽古今中外，大凡胸懷大志、目光高遠的仁人志士，無不以大度為懷，置區區小利於不顧。相反，那小鼠肚雞腸，競小爭微，片言隻語也耿耿於懷的人，沒有一個成就了大事業，沒有一個是有出息的人。

請為了自己，也為了社會的安定，學會寬容別人。

仇恨就像垃圾一樣

《百喻經》中有一則故事：

有一個人心中總是很不快樂，因為他非常仇恨另外一個人，所以每天都以嗔怒的心，想盡辦法欲置對方於死地。

為了一解心頭之恨，他向巫師請教：「大師，怎樣才能解我的心頭之恨？如果催符念咒可以損害仇恨的人，我願意不惜一切代價學會它！」

巫師告訴他：「這個咒語會很靈，你想要傷害什麼人，念著它你就可以傷到他；但是在傷害別人之前，首先傷害到的是你自己。你還願意學嗎？」

儘管巫師這麼說，一腔仇恨的他還是十分樂意，他說：「只要對方能受盡折磨，不管我受到什麼報應都沒有關係，大不了大家同歸於盡！」

為了傷害別人，不惜先傷害自己，這是怎樣的愚蠢？然而現實生活中，這樣的仇恨天天在上演，隨處可見這種「此恨綿綿無絕期」的自縛心結。仇恨就像債務一樣，你恨別人時，就等於自己欠下了一筆債務；如果心裡的仇恨越多，活在這世上的你就永遠不會再有快樂的一天。

一念嗔心起仇恨，就會讓人陷入愚痴，如同自己拿著繩子捆住自己，不得自由，而且會越勒越緊。冤仇宜解不宜結，只有發自內心的慈悲，才能徹底解除冤結，這是脫離仇恨煉獄最有效的方法。

古希臘神話中有一位大英雄叫赫拉克勒斯（Hercules）。一天他走在坎坷不平的山路上，發現腳邊有個袋子似的東西很礙腳，赫拉克勒斯踩了那東西一腳，誰知那東西不但沒被踩破，反而膨脹起來，加倍的擴大著。赫拉克勒斯惱羞成怒，操起一根碗口粗的木棒砸它，那東西竟然長大到把路都堵死了。正在這時，山中走出一位聖人，對赫拉克勒斯說：「朋友，快別動它，忘了它，離開它遠去吧！它叫仇恨袋，你不犯它，它便小如當初；你侵犯它，它就會膨脹起來，擋住你的路，與你敵對到底！」

人在社會上行走，難免與別人產生摩擦、誤會甚至仇恨，但別忘了在自己的仇恨袋裡裝滿寬容，那樣你們就會少一分阻礙，多一分成功的機遇。否則，你將會永遠被擋在通往成功的道路上，直至被打倒。

如果一個人心中時時懷著仇恨，這仇恨就會像海格利斯遇到的仇恨袋一樣，一次次的放大，一次次的膨脹，終有一天它會隱藏你內心的澄明，攪亂你步履的穩健。所以，請記住這個原則：相信上帝的人應當在生活中展現他們的信仰，而不信上帝的人則應本著愛與正義的原則而活著。只有這樣，我們才能遠離仇恨、超越仇恨！

不肯原諒的結果，受到傷害最大的還是自己。唯有寬容，才能從那些傷害你的人身上奪回自己的力量。一位大師曾說得好：「假如你想提一袋垃圾給對方，是誰一路上聞著垃圾的臭味？是你，不是嗎？而緊握著憤恨不放，就像是自己扛著臭垃圾，卻期望熏死別人一樣，這不是很可笑的嗎？」

站在別人的立場想一想

朋友老張告訴我，現在他才終於明白老闆為什麼一個個都那麼小氣了。老張之所以明白了，是因為不久前他辭職當了老闆。在給別人打工時，不少人總喜歡埋怨老闆刻薄，不公平；而等到自己真正當了老闆時，才知道老闆也有老闆的難處。

在工作與生活中，很多不平之氣其實是源於「各執一端」。你在你的立場上看，老闆刻薄得要死；老闆站在老闆的立場上看，又覺得自己厚道得有點過了。如果你遭受了不公平，不要急著控訴、抗爭或苦惱，不妨先進行一下換位思考。

所謂換位思考，指的換個位置，設身處地站在對方的立場來看事情。處於不同位置的人們，對事情都有著不同的看法。員工有員工的立場，老闆有老闆的立場；丈夫有丈夫的立場，妻子有妻子的立場。立場不同，對同一事物的感受就會不同。例如丈夫不做家務，對於妻子來說也許不公平，但假設站在丈夫的立場，丈夫工作一天累了，回家不想動，似乎也不是什麼大的錯誤。而嘮叨囉嗦的妻子固然惹丈夫煩，但只要想想妻子在家一天都沒有多少人陪他說話，好容易等丈夫下班了有機會多說幾句，似乎也在情理之中。

有一句話是這樣說的：「看一個人的智力是不是上乘的，就看他會不會經常進行換位思考。」實際上，在進行換位思考的同時，我們也正逐步靠近真理。從社會的角度來講，相互理解、換位思考是建立和諧社會的基礎；從個人的角度來說，換位思考是保障自身利益的明智選擇。生活在這個社會中的每一個人，都有一個公開的、對外的身分，這就決定了人們往往習慣於站在自己的思想立場上為人處事和思考問題。

明白了這些，下次在我們感覺受到不公平對待時，當我們為獲得所謂的公平而不依不饒時，我們不妨問問自己：「如果我是對方會怎麼樣？」一切也許會因為你立場的變化而改變。海爾總裁曾親自砸爛未能通過檢驗的不合格洗衣機，因為他知道如果他是消費者，一定會因新買來的洗衣機出現故障而煩惱。松下公司對一位犯了重大事故的員工並未做出開除或是降薪的處罰，因為公司領導知道，如果他是那位員工，一定會對自己的失誤給公司造成的巨大經濟損失心存懊悔。這樣的換位思考，使海爾家電暢銷全球；這樣的換位思考，使松下公司凝聚力大大提高。

當我們學會並做到換位思考的時候，我們會發現原來生活其實很美好，每一天的心情都是很好的。如果你在生活工作中遇到了什麼不開心的事情，先試著換位思考。有時候心理就不會覺得特別彆扭了。

換位思考是一種智慧的閃耀，是一種理性的牽引。換位思考能產生一種巨大的人格力量，有強大的凝聚力和感染力，它就如一泓清泉，澆滅嫉妒的焦慮之火，可以化衝突為祥和，化干戈為玉帛。其實，換位思考並不是什麼深奧的東西，它存在於生活中的每個角落。我們少一點隨意，別人就多一些輕鬆；我們少一些刻薄，別人就多一些寬容。

寬容那些傷害過自己的人

在美國歷史上，恐怕再沒有誰受到的責難、怨恨和陷害比亞伯拉罕·林肯多的了。但是根據那些傳記中的記載，林肯卻「從來不以他自己的好惡來批判別人」。如果一個以前曾經羞辱過他的人，或者是對他個人有不敬的人，卻是某個位置的最佳人選，林肯還是會讓他去擔任那個職務，就像他會派任他朋友去做這件事一樣……而且，他也從來沒有因為某人是他的敵人，或者因為他不喜歡某個人，而解除那個人的職務。很多被林肯委任而居於高位的人，以前都曾批評或是羞辱過他——比方像麥克里蘭、愛德華·史丹唐和蔡斯等。但林肯相信「沒有人會因為他做了什麼而被歌頌，或者因為他做了什麼或沒有做什麼而被黜。」因為所有的人都受條件、情況、環境、教育、生活習慣和遺傳的影響，使他們成為現在這個樣子，將來也永遠是這個樣子。

一個人如果心胸狹小，總是從自私的角度去看問題，是無法得到他人的支持與擁護。想要有魅力的年輕人要力戒為人偏狹，主張寬容他人，因為只有這樣，才能贏得人心。毫無疑問，寬容不僅是習慣，也是一種品德，是人們應該養成有助於成功的習慣之一，是成大事所必備的德行之一。

要有主動「讓道」的精神

主動「讓道」是一種寬容，即是在人際交往中有較強的相容度。相容就是寬厚、容忍，心胸寬廣，忍耐性強。人們常說這樣一句話：「大海是廣闊的，比大海更寬廣的是天空，比天空更廣闊的是人的胸懷。」也有人把忍耐性比作彈簧，具有能伸能屈的韌性。有人說過這樣一句話：「誰若想在困厄時得到援助，就應在平時待人以寬容。」也就是說，相容接納、團結更多的人，在平常的時候共奮鬥，在困難的時候共患難，進而能增加成功的力量，創造更多成功的機會。反之，相容度低，則會使人疏遠，減少合作力

量，人為的增加阻力。

主動讓道，要求年輕人首先要學會寬以待人。寬以待人，就要將心比心，推己及人。孔子早就告誡人們：「己欲立而立人，己欲達而達人；己所不欲，勿施於人。」意思是自己不願做，不能接受的事情一定不能推給他人，而要將心比心。在人際交往中，記住「己所不欲，勿施於人」的教誨是大有裨益的，它可以避免提出人們難以接受的要求，避免由此而來的難堪局面，建立和維持良好的人際關係。推己及人，也就是以自己為尺規，衡量自己的舉止能否為他人所接受，其依據是人同此心，心同此理。將心比心，還可以採用角色互換的方法，假設自己站在對方的位置上，就能夠設身處地的體會到對方的感受，從而達到諒解別人的目的。

要成大事的年輕人還要明白，寬以待人，要有主動「讓道」精神。在與他人交往中常常會因為對資訊的意義理解不一，個性、脾氣、愛好、要求不同，價值觀念的差異產生矛盾或衝突，此時我們應記住喬西．布魯澤恩的話：「航行中有一條規律可循，操縱靈敏的船應該給不太靈敏的船讓道。」所以我們在遇到分歧或是爭執時，一定要注意他人的建議是否有合理性，絕不能一棍子打死。主動「讓道」，而不應爭先「搶道」。「禮讓三分」能確保「安全」，於己於人都有利。

要有主動「讓道」的精神

人往往能夠將別人的缺點看得一清二楚，但這並不意味著可以因此嚴厲的指責別人。在與人相處時，還是要懂得體貼他人，在不傷害人的前提下，適當的幫助別人。如果以嚴厲的態度對待別人，容易遭致他人的怨恨，反而無法達到目的。避免遭受困擾的關鍵就在於你能否以寬容的態度對待他人。

主動讓道的寬容，還包括對愛情觀點的處理。我們不應用苛刻的標準去要求別人，要尊重人家的自由權利。愛情之所以可以成為催人上進的力量，不是由於嚴厲，而是由於寬容。愛情使人原諒了愛人的種種缺點、毛病，恰恰能使愛人「舊貌換新顏」。因此，做一個肯理解、容納他人的優點和缺點的人，才會受到他人的歡迎。而對人吹毛求疵，又批評又說教沒完沒了的人，是不會有自己親密的朋友，人家對他只有敬而遠之。

有這樣一件事：一個年輕人抱怨妻子近來變得憂鬱、沮喪，常為一些雞毛蒜皮的小事對他嚷嚷，甚至會對孩子無緣無故的發脾氣，這都是以前不曾發生的現象。他無可奈何，開始找藉口躲在辦公室，不願回家。一位經驗豐富的長者問他最近是否爭吵過，年輕人回答說，為了裝飾房間發生過爭吵。他說：「我愛好藝術，遠比妻子更懂得色彩，他們為了每個房間的顏色大吵了一場，特別是臥室的顏色。我想漆這種顏色，她卻想漆另一種顏色，我不肯讓步，因為我對顏色的判斷能力比她要強得多。」長者問：「如果她把你辦公室重新布置一遍，並且說原來的布置不好，你會怎麼想呢？」「我絕不能容忍

這樣的事。」年輕人答道。於是長者解釋：「你的辦公室是你的權力範圍，而家庭及家裡的東西則是你妻子的權力範圍。如果按照你的想法去布置『她的』廚房，那她就會有你剛才的感覺，好像受到侵犯似的。當然，在住房布置問題上，最好雙方能意見一致，但是要記住，在做決定時也要尊重你妻子的意見。」年輕人恍然大悟，回家對妻子說：「你喜歡怎麼布置房間就怎麼布置吧，這是你的權力，隨你的便吧！」妻子大為吃驚，幾乎不相信。年輕人解釋說是一個長者開導了他，他百分之百的錯了。妻子非常感動，後來兩人言歸於好。夫妻生活和其他許多人際關係一樣，會有這樣那樣不盡如人意的地方，針鋒相對永遠也不是解決的好方法，主動讓道則能使雙方更多感受到寬容的力量，只有以寬容態度面對問題，才可能很好的解決。

古人云：「地之穢者多生物，水至清者則無魚。故君子當存含垢納汙之量。」人不能太清高了，因為世界本來就很複雜，什麼樣的人物都有，什麼樣的思想都有，如果你事事與人斤斤計較，只會自己堵住自己的路。一個人必須具有容納污穢與恥辱的能力，再加上包容一切善惡賢愚的態度，才能有成功的人際關係。因此，古往今來成大事的人，無不具有寬容的品格。如果我們能愛心永存，真誠待人，寬以待人，就能盡可能的贏得別人的好感、依賴和尊敬，就能較好的與周圍的人和睦相處，就能在人生旅途中順利的前行。

在人生旅途中，能夠主動讓道，寬容一些，那麼將會省卻很多的麻煩，也會減少我們的煩惱，寬容忍讓的習慣與作風，不僅給你增加了魅力，也給你帶來意想不到的收穫。

容忍他人如同容忍自己

俗話說，人無完人。每個人都難免在工作和生活中偶有過失。這時，作為朋友的你有義務予以指正，並要求其改正。但如何才能更易被別人接受呢？有一點必須注意，對朋友的過失直言申斥一般是不會有什麼好效果的。如果這樣，對方為了保全他的「面子」，很可能會與你當面對抗，至少會使對方口服心不服。有效的辦法還是委婉的指出其過失，讓對方在自責中加以改正。

一個不肯原諒別人的人，往往是不給自己留餘地的人。因為每個人都有需要別人原諒的時候，但理解這一點卻很難。

《聖經》裡有這樣一個故事。當耶穌到橄欖山時，有位法利賽的學者將自己姦淫過的女人帶到耶穌面前，詢問耶穌要如何處罰這個女人？因為依當時的法令來說，被姦淫的女人要被判投石之罪。此時耶穌微傾上半身，用手指在地上寫了些字，然後對那些漸

漸逼向他的群眾說：「在你們當中，若有人認為自己沒有罪，就先向她丟石頭吧！」耶穌說完此話就從容的站起來了。

然而，圍觀的群眾卻一個個離開。耶穌的這句話使他們捫心自問後，無人敢說他們自己是無罪的！

試想，若是今日我們遇到同樣情況會如何呢？那個女人固然罪孽深重，但能夠勇於承認自己無罪而向她投石的人又在哪裡呢？

很奇怪，我們看自己的過錯，往往不如看別人那樣嚴重。大概是因為我們對自己犯錯誤的背景了解得很清楚，對於自己的過錯也就比較容易原諒，而對於別人的過錯當然不能原諒，所以我們常把注意力集中在人家的過錯上。即使有時不得不正視自己的過錯，但總覺得那是可以寬恕的，這就是因為無論我們自己是好是壞，我們都必須容忍自己的緣故。

可是輪到我們評判他人就不同了。我們常常用另外一副眼光去看待別人的過錯，往往使旁人體無完膚，一點也不留情面。且舉一個小小的假設：如果我們發現了旁人說謊，我們的譴責會是何等嚴酷，可是哪一個人能說他自己從沒說過一次謊？也許還不止一百次呢！

容忍他人如同容忍自己

有些時候給他人留下臺階，這也是為自己留下一條後路。每個人的智慧、經驗、價值觀、生活背景都不相同，因此在與人相處時，相互間的衝突和爭鬥難免——不管是利益上的爭鬥還是非利益上的爭鬥。

大部分人一陷身於爭鬥的漩渦，便不由自主的焦躁起來，一方面為了面子，一方面為了利益，因此一旦自己得了「理」便不饒人，非逼得對方鳴金收兵或豎白旗投降不可。然而「得理不饒人」雖然讓你吹著勝利的號角，但這也是下次爭鬥的前奏，因為這對「戰敗」的一方而言也是一種面子和利益之爭，他當然要伺機「討要」回來。

給別人臺階下，為他留點面子和立足之地，對一般的人來講，這可能不太容易做到，但如果能做到，對自己則好處多多。

人性混合著偉大與渺小，善與惡，崇高與卑微，我們彼此都差不多。明白了這些，就會使我們容忍他人，如同容忍自己。

眉間放一「寬」字，不但自己輕鬆自在，別人也舒服自在。若在生活中學會了寬容，你的人生將擁有更多的朋友而不是敵人。

第九章　謙遜處世，低調做人

人際關係是人能立世的根基。根基既固，才有枝繁葉茂，碩果累累；倘若根基淺薄，便難免枝枯葉稀，不禁風雨。而謙卑和低調的人就是在社會上加固立世根基的絕好姿態。一個人應該和周圍的環境相適應，適者生存。曲高者，和必寡；木秀於林，風必摧之；人浮於眾，眾必毀之。低調做人才能保持一顆平凡的心，才不至於被外界左右，才能夠冷靜，才能夠務實。

人要想活得不累，活得自如，活得讓人喜歡，最簡單不過的辦法，就是學會謙卑處世、低調做人。謙卑處世和低調做人，不僅可以保護自己、融入人群，與人們和諧相處，也可以讓人暗蓄力量、悄然潛行。

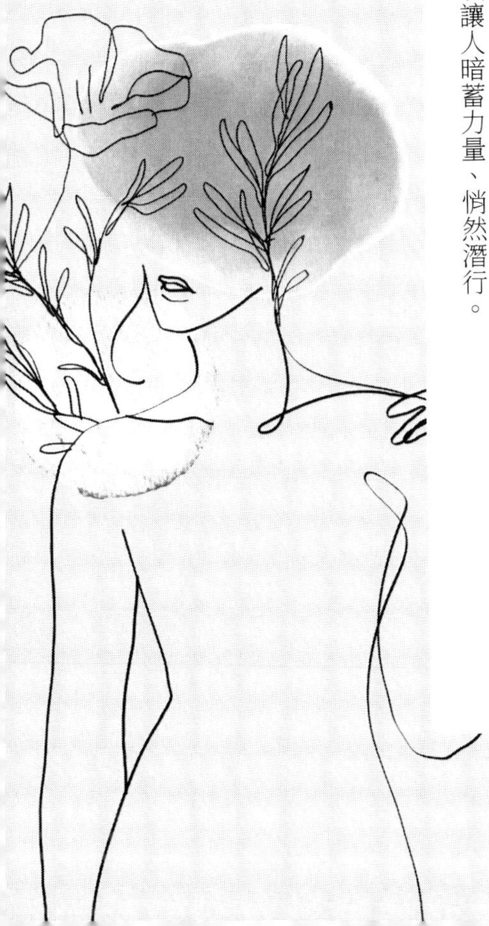

「虛榮心很難說是一種惡行，然而一切惡行因虛榮心而生，都不過是滿足虛榮心的手段。」——柏格森（Henri Bergson）

「我們要謙虛的徵求他人的意見，但是千萬要記住：不要讓他人的意見左右我們的意志。」——傑弗遜（Thomas Jefferson）

謙遜是甜美的根

謙遜是人恪守的一種平衡關係，使周圍的人在對自己的認同上達到一種心理上的平衡，讓別人不感到卑下和失落。非但如此，有時還能讓別人感到高貴，感到比其他人強，即產生任何人都希望能獲得的所謂優越感。

所以，謙遜的人不但不會受到別人的排斥，同時也易得到社會和群體吸納和認同。

古希臘哲學家蘇格拉底曾說：謙遜是藏於土中甜美的根，所有崇高的美德由此發芽滋長。日本著名的企業家松下幸之助在談人生時用了盲人走路的比喻，他說：「盲人的眼睛雖然看不見，卻很少受傷。反倒是眼睛好的人動不動就跌跤或撞倒東西，這都是自恃眼睛看得見，而疏忽大意所致。盲人走路非常小心，一步步摸索著前進，腳步穩重，精神貫注，像這麼穩重的走路方式，明眼人是常常做不到的。人的一生中，若不希望莫名其妙的受傷或挫敗，那麼，盲人走路的方式，就頗值得引為借鑑。前途莫測，大家最好還是不要太莽撞才好。」

諸葛亮一生謹慎，他敢於唱空城計，則是「有事則不怯」的典型，是「無事而深憂」的碩果。謹慎，是三思而行，是深思熟慮，正所謂「如臨深淵，如履薄冰」。既然人生難測，前途未卜，有深淵，有薄冰，那就應該慎重選擇自己的腳步，只有成功的到達了目的地的人，他所採用的方式才可以算是正確的。謹慎絕不是膽小，也絕不是缺乏自信。好勝心強者，尤其要記住「螳螂捕蟬，黃雀在後」的教訓，所謂「逐獸而不見泰山在前，彈雀而不知深淵在後」，關羽逐樊城而失荊州，正是這句話的形象寫照。《紅樓夢》中的榮國府，在元妃省親時是何等的排場。大觀園的錦繡繁華，無所不至其極，其烈火烹油之勢，赫然權勢衝天，可是正應了元妃的話。有權有勢不可使盡，金山銀山也有揮霍盡淨的一天。榮國府最終因不懂謙和韜晦，嬌縱太過，結果被人參本，舉府查抄，家道一落千丈。榮國府的縮影鳳姐，亦由此而誤了卿卿性命。歷史上有過多少這樣的覆轍啊！謙遜者多益，驕矜者易損，確實是古往今來人類的經驗之談！

懂得謙遜就是懂得人生無止境，事業無止境，知識無止境。知之為知之，不知為不知，知不知者，可謂知矣。海不辭水，故能成其大；山不辭石，故能成其高。有謙乃有容，有容方成其廣。人生本來就是克服了一個又一個障礙前進的，攀登事業的高峰就像

跳高，如果沒有一個剎那間的下蹲積聚力量，怎麼能縱身上躍？人生又像一局勝負無常的棋，我們無法奢望自己永遠立於不敗之地。況且，「鶴立雞群，可謂超然無侶矣，然進而觀於大海之鵬，則渺然自小；又進而求之九霄之鳳，則巍乎莫及」。只有建立在謙遜謹慎、永不自滿的基礎之上的人生追求才是健康的、有益的，才是對自己、對社會負責任的，也一定是會有所作為、有所成功的！

晉襄公有位孫子，名叫惠伯談，晉周是惠伯談的兒子。

這位晉周生不逢時，遇晉獻公寵信驪姬，晉國公子多遭殘害。晉周雖然沒有爭立太子的條件，更無繼位的希望，也同樣不能幸免。

為保全性命，晉周來到周朝，跟著單襄公學習。

晉是當時的大國，晉周以晉公子身分來到周朝。但晉周自小受父親教育，養成良好的品性，他的行為舉止完全不像一個貴公子。以往晉國的公子在周朝，名聲都不好聽，晉周卻受到對人要求嚴厲的單襄公的稱譽。

單襄公是周朝有名的大臣，學問淵博，待人寬厚而又嚴厲，是周天子和各國諸侯王公都很尊敬的人，晉周很高興能跟著他，希望能跟著單襄公好好學習，以成長為有用的人才。

單襄公出外與天子王公相會，晉周總是隨從在後。單襄公與王公大臣議論朝政，晉周從來都是規規矩矩的站在單襄公身後，有時，一站幾個小時，晉周都從未有一絲不高興的神色。王公大臣都誇獎晉周站有站相，立有立相，是一個少見的恭謙君子。

晉周在單襄公空閒時，經常向單襄公請教。交談中，晉周所講的都是仁義忠信智勇的內容，而且講得很有分寸，處處表現出謙遜的精神。

人雖然在周朝，晉周仍十分關心晉國的情況，一聽到不好的消息，他就為晉國擔心流淚；一聽到好消息，他就非常高興。一些人不理解，對晉周說：「晉國都容不下你了，你為什麼還這樣關心晉國呢？」晉周回答：「晉國是我的祖國，雖然有人容不下我，但不是祖國對不起我。我是晉國的公子，晉國就像是我的母親，我怎麼能不關心呢？」

在周朝數年，晉周言談舉止的每一個細節，都謙遜有禮，從未有不合禮數的舉動發生。周朝的大臣都很誇獎他。

單襄公臨終時，對他兒子說：「要好好對待晉周，晉周舉止謙遜有禮，今後一定會做晉國國君的。」

後來，晉國國君死後，大家都想到遠在周朝的晉周，就歡迎他回來做了國君，成為歷史上的晉悼公。

晉周本是一個毫無條件爭當太子的王子，僅以謙遜的美德征服了國內外幾乎所有有權勢的人，最終卻被推上了王位，可見謙遜的力量有多麼巨大。老子說，「上善善水，水利萬物而不淨」，「夫唯不爭，故天下莫能與之爭」，的確不是虛言。

許多人對於謙遜這項重要的特質，感動不以為然。事實上，謙遜是一項積極有力的特質，若加以妥善運用，可使人類在精神上、文化上或物質上不斷的提升與進步。

謙遜是人性中的精髓，因為謙遜，聖雄甘地使印度獨立自由，施韋策為非洲人創造了更美好的世界。

不論你的目標為何，如果你想要追求成功，謙遜都是必要的條件。在到達成功的頂峰之後，你才會發現謙遜有多麼重要。只有謙遜的人才能得到智慧。聰明的人最大的特徵是能夠坦然的說：「我錯了。」

滿招損，謙受益

尚未達到成功的人並沒有什麼值得特別驕傲的，因此，更應該而且必須保持謙遜。已經取得成功的人，也不該自高自大、自鳴得意和自以為是，而應該繼續保持謙遜的作風，因為知識是無窮的，沒有任何一種力量能夠永遠戰勝未來。而未來才是不驕不躁的裁判，一切自以為是的驕傲情緒都會在這裡被無情的判罰出局。

大發明家愛迪生有過一千多項改變人們生產和生活方式的發明，被譽為「發明大王」和「一代英雄」。但在他的晚年，由於越來越嚴重的驕傲情緒，使得恰恰是在他最志得意滿的領域裡，犯了形而上學的大錯誤。他固執的堅決反對交流輸電，一味堅持直流輸電，結果導致慘敗。原來以他的名字命名的公司不得不改為「通用電器公司」，而實行交流輸電的西屋電器公司至今仍保留著。這真是「英雄遲暮，驕則自誤」。

有些錯誤是在無知中產生的，還有些錯誤是由驕傲引發的，被勝利衝昏了頭腦，評判事物的尺規就會失衡。所以，即便是取得了一定成就的人，也不應該自以為是和沾沾自喜。

不論是屬於意外的幸運，還是經過長期苦鬥終於取得了成功，心中充滿巨大的快樂，以至一時間欣喜若狂都是可以理解的。因為，人生中還有什麼比成功更值得高興的事情呢。但是如果一個人僅僅因一次成功，從此就一直這麼欣喜若狂著，人人都會說他是個瘋子。從此一直就這麼得意洋洋，到處顯耀自誇，總是表現出一種優勝者的得意忘形和驕傲自滿，人們雖然不至於說他是瘋子，大概也絕不會敬佩他，而只會鄙視他。

如果自鳴得意者只是懷有一種優勝者良好的自我感覺，而且能以此感覺而不停頓的

勇敢向前進擊，這當然是一種美好的心理狀態，在這種心理狀態下他可以不斷的取得新的成功。但是一般來說，不謙遜的人就很難把自己的感覺控制在這個境界裡了。恰恰相反，他只是自以為已經了不起，而不知道天外有天，人外有人。

不謙遜的人大多不能正確的看待自己，並且最容易走進自己重複自己的怪圈。因為他被自己頭上的那層光環迷住了雙眼，有些眼花繚亂，有些飄飄然，頭重腳輕，搖搖晃晃，如同醉漢。伴隨著歲月無聲的流逝，自以為已經走了很遠的路，有一天當他突然醒來一看，才知道自己還停留在當初的出發點上。也許直到那時候，他才會發現，同齡人和周圍的世界已經變得面目全非。山上已是旌旗爛漫，他卻仍然躺在山下的池塘邊，顧影自憐。也許直到那時候，他才會爬起來，扔掉頭上的光環，走出怪圈，不再重複自己。

當人們驕狂自得的時候，可以摸一摸自己的頭頂上，是哪一層光環迷住了自己的心眼。及早把它扔掉，就會輕鬆許多。

幾千年前的古人就告誡過我們：「天行健。君子以自強不息。」

我們所感覺、所了解到的那無邊無際的宇宙天體，它也是在永恆的流轉不息，旋轉前進。我們與萬事萬物一道，都存在於這個流轉不息的天地之間。大凡有志之士，要修成德行、學問、事業、功名，也應效法天道，永無止息的努力、前進、創造。

面對不知有幾十幾百億光年廣大的宇宙，面對不知存在過幾十幾百億年歲月的宇宙，我們人類算得了什麼？面對存在了幾百萬年歲月的人類，面對全世界六十多億的人類同胞，面對可以在海底修隧道，可以上月球，可以把衛星定點在固定軌道，可以探測到距銀河系二十億光年的超亮星系的人類同胞，一個人的全部能量、全部所得、全部所成以及這一切的一切，又算得了什麼？

自以為了不起而自鳴得意，問題就出在自己對自己錯誤的認識上。我們本該不斷的擁抱新的自我——一個比一個更美麗動人的自我，可是我們如果自鳴得意，那就會總是捨不得放下那位面目已朽，風韻已衰的自我。

我們生活在時間的長河中，既不可能讓時間凝固，更不可能讓時間倒轉。過去的一切都已經過去，無論多麼輝煌都已經過去，對我們的生命實際上不可能構成新的意義。現在是一個不斷成為過去，不斷迎接未來的時刻。所以，不斷的對我們的生命構成新的意義的唯有未來。未來一切的可能性都存在於我們的生命運動之中，只有面向未來的生命才可能重放光彩。

我們太應該認清自我，以便不使自己混同於他人，從而實現自我，不要抄襲別人，更應該不斷的超越自我，不要使今天的自我混同或抄襲昨天的自我。

只有面向未來才能實現對自我的超越。那位學識淵博的浮士德所大聲宣稱的「我永遠不能滿足自己」，就是一句不斷否定自我，不斷超越自我的誓言。海德格爾的超越理論對我們也有一定的啟迪價值。他在竭力張揚「親在」，即「人生在世」，「在——世界——之中」的前提下，對自我的必然被超越、自我如何被超越作出了深刻的思辨。他概括了超越的三條途徑——實際上是超越的三個方面，即超越世界、超越他人、超越現實。

如果我們能夠把自我放在這樣一個不斷被反問、不斷被超越的境地，我們就會迎來「一個比一個更美麗動人的自我」，使我們的生命總是呈現為一種全新的狀態。這樣，一切自鳴得意，驕傲自滿的情緒就會煙消雲散，最後就會在謙遜中找到自己的座標。

另外，保持謙遜的品德對於人際交往也尤其重要。一個背著自負自傲沉重包袱的人，他的友誼財富必然少得可憐。這裡，謙遜需以坦誠為基礎，否則就難免陷入虛偽的泥潭。比如在討論問題時，明明自己有不同意見，為表謙遜而不明白說出，或者吞吞吐吐，言而不盡；對方批評自己時，當面唯唯稱是，背後卻又發牢騷等作法。再者，還應劃清兩個界限。一個是謙遜與虛榮的界限。如果一個人故作謙遜姿態，以求得到「謙遜」的美譽，那其實是虛榮的一種常見表現。這種虛榮心一旦被對方察覺，還哪裡會有愉快的交往可言？再一個是謙遜與諂媚的界限。有些人在交際時總愛對他人說一些言不由衷的溢美誇飾之詞，以為只有這樣才顯得自己彬彬有禮，謙恭而有教養。殊不知，過分溢美，跡近諂媚。雖說諂媚「也可造成協調，但這種協調是借奴性的、無恥的罪過或欺騙所造成」——斯賓諾莎（Benedictus de Spinoza）。

古人有「滿招損，謙受益」的箴言，忠告世人要虛懷若谷，對人對事的態度不要驕狂，否則就會使自己處在四面楚歌之中，被世人譏誚和瞧不起。這樣處世，怎麼能使自己有進步呢？

驕傲自大的悲劇

人生在世會遇到各種各樣的險境，驕傲自大可能是最可怕的一種。處境卑微自然不幸，但卻沒有太大的危險，趴在地上的人是不會被摔死的。最可怕的情境是身處險峰而高視闊步，只謂天風爽，不見峽谷深。這正是人們驕傲時的典型情境。

其實，只要腳下的某塊石頭一鬆動，就有墜入深淵的危險，而那些不可一世的英雄卻全然不覺，兀自陶醉於「一覽眾山小」的壯景豪情中。殊不知正是這種時候，腳下的石頭是最容易鬆動的。

古往今來，一個「傲」字毀了多少蓋世英雄！

三國時候。禰衡很有文才，在社會上很有名氣，但是，他恃才傲物，除了自己，任何人都不放在眼裡。容不得別人，別人自然也容不得他。所以，他「以傲殺身」，被殺於黃祖。

禰衡所處的時代，各類人才是很多的，但他目中無人，經常說除了孔融和楊修，「餘子碌碌，莫足數也」。即使是對孔融和楊修，他也並不很尊重他們。禰衡二十歲的時候，孔融已經四十歲了，他卻常常稱他們為「大兒孔文舉，小兒楊德祖」。

經過孔融的推薦，曹操見了禰衡。見禮之後，曹操並沒有立即讓禰衡坐下。禰衡仰天長嘆：「天地這樣大，怎麼就沒有一個人！」

曹操說：「我手下有幾十個人，都是當今的英雄，怎麼說沒人？」

禰衡說：「請講。」

曹操說：「荀彧、荀攸、郭嘉、程昱機深智遠，就是漢高祖時候的蕭何、陳平也比不了；張遼、許褚、李典、樂進勇猛無比，就是古代猛將岑彭、馬武也趕不上；還有從事呂虔、滿寵、先鋒于禁、徐晃，又有夏侯淳這樣的奇才，曹子孝這樣的人間福將，怎麼說沒人？」

禰衡笑著說：「您錯了！這些人我都認識，荀彧可以讓他去弔喪問疾，荀攸可以讓他去看守墳墓，程昱可以讓他去關門閉戶，郭嘉可以讓他讀詞念賦，張遼可以讓他擊鼓鳴金，許褚可以讓他牧羊放馬，樂進可以讓他朗讀詔書，李典可以讓他傳送書信，呂虔可以讓他磨刀鑄劍，滿寵可以讓他喝酒吃糟，于禁可以讓他背土壘牆，徐晃可以讓他屠豬殺狗，夏侯淳可稱為『完體將軍』，曹子孝可叫做『要錢太守』。其餘的都是衣架、飯囊、酒桶、肉袋罷了！」

曹操很生氣，說：「你有什麼能耐？敢如此口出狂言？」

禰衡說：「天文地理，無所不通，三教九流，無所不曉；上可以讓皇帝成為堯、舜，下可以跟孔子、顏回比美。怎能與凡夫俗子相提並論！」

這時，張遼在旁邊，拔出劍要殺禰衡，曹操阻止了張遼，悄聲對他說：「這人名氣很大，遠近聞名。要是殺了他，天下人必定說我容不得人。他自以為了不起，所以我要他任教吏，以便侮辱他。」

一天，禰衡去面見曹操，曹操特意告訴看門人：「只要禰衡到了，就立刻讓他進來。」禰衡衣衫不整，還拿了一根大手杖，坐在營門外，破口大罵，使曹操侮辱禰衡的目的沒能達到。

有人又對曹操說：「禰衡這小子實在太狂了，把他押起來吧！」

曹操當然很生氣，但考慮後還是忍住了，說：「我要殺他還不容易？不過，他在外總算有一點名氣。我把他送給劉表，看看結果又會怎麼樣吧。」就這樣，曹操沒有動禰衡一根毫毛，讓人把他送到劉表那兒去了。

到了荊州，劉表對禰衡不但很客氣，而且「文章言議，非衡不定」。但是，禰衡驕傲之習不改，多次奚落、怠慢劉表。劉表又出於和曹操一樣的動機，把他送給了江夏太守黃祖。

到了江夏，黃祖也能「禮賢下士」，待禰衡很好。禰衡常常幫助黃家起草文稿。有一次，黃祖曾經握住他的手說：「大名士，大手筆！你真能體察我的心意，把我心裡要想說的話全寫出來啦！」

但是，後來在一條船上，禰衡又當眾辱罵黃祖，說黃祖「就像廟宇裡的神靈，儘管受大家的祭祀，可是一點兒也不靈驗。」黃祖下不了臺，惱怒之下，把禰衡殺了。禰衡死時才二十六歲。

曹操知道後說：「迂腐的儒士只會搖唇鼓舌，自己招來殺身之禍。」

禰衡短短一生未經軍國大事，是塊什麼樣的材料很難斷定。然而狂傲至此，即使他有孔明之才，也必招殺身之禍。

關羽大意失荊州，同樣是歷史上以傲致敗最經典的一個故事。

三國時期，吳將呂蒙來見孫權，建議乘關羽和曹操合圍樊城的時候，偷襲荊州。這建議正合孫權之意，立刻委以重任。

可是，呂蒙發現鎮守荊州的蜀將關羽警惕性很高，荊州軍馬整齊，沿江又有烽火臺警戒，互透軍情，很難正面攻破。正在苦思偷襲之計，陸遜來訪，教給呂蒙一條詐病之計。

陸遜說：「關羽自恃是英雄，無人可敵。唯一懼怕的就是將軍你了。將軍乘此機會可假裝有病，解去軍職，把陸口的軍事任務讓給別人，又使接你職務的人大贊關羽英武，使關羽驕傲輕敵。這樣，關羽就會把防這荊州的兵調去攻打樊城。假如荊州沒有防備，將軍只需用小股軍隊突襲荊州，便可以重新掌握荊州了。」

呂蒙大喜，說：「真好計也！」

後來，呂蒙果然請了病假，回到建業休息，並推薦陸遜代他守陸口。關羽得到消息知道呂蒙病重，已調離陸口，新來的陸遜又不見經傳，遂有輕敵之心。他還收到了陸遜送來的禮物，附上一封措辭卑謹的信函。信中說：「將軍（關羽）在樊城一役中，把曹將于禁俘虜過來，水淹七軍，遠近讚嘆，都說將軍的功勞足以流芳百世。就算是晉文

公大勝楚軍的英勇，韓信打敗趙兵的謀略，也不及您老人家……這次曹操失敗了，我們聽到也很高興。但是，曹操很狡猾，不會甘心失敗，恐怕會增調援兵，以求一逞野心。雖說曹軍師老，還是很強悍的。況且戰勝之後，一般都會出現輕敵的觀念。所以古人用兵，勝利之後就應更加警覺。希望將軍您多方面考慮計畫，以獲全勝。我只是一介書生，沒有能力擔任現職，幸好有您老人家這樣強大的鄰居，願意把想到的貢獻給將軍做參考，希望將軍能多加指教！」

關羽看了這信，仰面大笑，命左右收了禮物，打發使者回去。他覺得這個年輕書生人不錯，用不著防範，於是，他下令把原來防備東吳的軍隊陸續調往樊城前線。

就在這時，曹操聽司馬懿之計派使來到吳國，要孫權夾擊關羽。孫權早已決定要襲取荊州，所以馬上覆信，表示同意。這樣，原來的孫、劉聯盟抗曹，一下子變成了曹、孫聯盟破劉，形勢急轉直下。孫權拜呂蒙為大都督，統領江東各路兵馬，襲擊關羽的後方。

呂蒙到了潯陽，命士兵們穿了白色的衣服扮作商人，藉故潛入烽火臺，攻取了荊州。

事情到了這個地步，關羽才知道自己對東吳的防備太大意。為了重振軍威，他帶著日益減少的人馬準備南下收復江陵。但是，在呂蒙、陸遜的分化瓦解下，他只能步步敗退，最後只有困守麥城。在小城既得不到西川的消息，又盼不來援兵，他只好帶一部分士兵偷偷的從城北小路逃往西川。但他哪裡知道，呂蒙早已派兵埋伏在那裡了，一陣鼓響，伏兵四出，關羽被生擒活捉。同年十二月，關羽被斬首，荊州各郡縣皆歸東吳。

關羽之死，可謂千古悲歌。其一生忠義，幾近完人。只為一個「傲」字而斷頭。雖然令人感嘆，更為後人敲響了警鐘。英雄如關羽，尚且驕傲自大不得，我們哪裡還有驕傲的理由。

驕傲的原因是無知

所有驕傲的人都認為，自己有學識，有能力，或有功勞；而謙遜的人卻總是說：我還差得很遠。驕傲者真的有其驕傲的資本，而謙遜者真的差得很遠嗎？這是一個耐人尋味的問題。

事實上，驕傲者雖然往往有一定的學識，但他驕傲的真正原因絕不是學識，而是無知。同樣，謙遜的真正原因也不是他差得很遠，而是他的確不比別人差、謙遜與驕傲的原因全在於一個人的總體修養如何，而不在於是否多讀了幾本書、多做了幾件事。

這裡有古希臘大哲學家蘇格拉底的一則小故事，可以充分的說明這個問題。

蘇格拉底是古希臘哲學家中最受人尊敬的一位。他不僅學識淵博，而且非常善於辨析，當時能夠提出的任何問題，只要到了他的手裡，沒有不迎刃而解的。但是他非常謙遜，從來不以權威自居，循循善誘，讓對方自己得出正確的結論。戴爾．卡內基與人交談時也總是曾經談到蘇格拉底的一個「小祕密」，即在辯論一開始，就不斷的說「是的，是的」，然後用「但是」和提問引導對方，這樣就使對立的辯論變成了溝通式的交談，讓對方心悅誠服於自己的觀點。

由於博學而謙遜，蘇格拉底被世人公認為最聰明的人。但是蘇格拉底卻一點也不這樣認為。他說：「不可能！我唯一知道的事情是，我一無所知。」

眾人仍異口同聲的稱讚他是天下最聰明的人，並建議他到山上的神廟去占卜，看看天神的意見如何。於是蘇格拉底來到神廟去占卜，占卜的結果明白無誤：他確實是天下最聰明的人。面對神諭，蘇格拉底無話可說了，但是口裡仍然喃喃自語：「我唯一知道的事情就是我一無所知。」

然而世上總有一些人自以為有所知，甚至以為「老子天下第一」。這樣的人，哪有不跌跟頭的。

楚漢相爭時，項羽勇將龍且奉命率領大軍，日夜兼程向東進入齊地，救援齊王

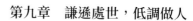

田廣。

韓信正要向高密進軍，聽說龍且兵到，召見曹、灌二將，囑咐他們：「龍且是項羽手下有名的猛將，只可智取，不可跟他硬拚，我只能用計擒住他，」於是，命令部隊後撤三裡，選擇險要的高地安營紮寨，按兵不動。

楚將龍且，以為韓信怯戰，想渡河發起攻擊。屬下官吏向他建議：「齊王田廣數萬部隊已經吃了敗仗，又都是本地人，顧慮家室，容易逃散；他們潰逃，我們也支持不住。韓信來勢很凶，恐怕擋不住。最好是按兵不動，暫不與他正面交鋒。漢兵千里而來，無糧可食，無城可守，拖他們一兩個月，就可不攻自破了。」

龍且性高氣傲，目空一切，他連連搖頭道：「韓信不過是一個市井小兒，有什麼本領？聽說他少年時要過飯，鑽過人家的褲襠。這種無用之人，怕他什麼！」

副將周蘭上前進諫道：「將軍不可輕視韓信。那韓信輔佐漢王平定三秦，平趙降燕，今又破齊，足智多謀，還望將軍三思而行。」

龍且把手一擺，笑著說：「韓信遇到的對手，通通不堪一擊，所以僥幸成功。現在他碰上我，他才曉得刀是鐵打的，我管教他腦袋搬家！」

當下龍且派人渡水投遞戰書。

為準備決戰，韓信命軍士火速趕制一萬多條布口袋，當夜候用。黃昏時分，韓信召部將傅寬，授予密計：「你帶兵各自帶上布口袋，偷偷到濰水上游，就地取泥沙裝進口袋裡，選擇河面淺窄的地方堆上沙口袋，阻擋流水。等明天交戰時，楚軍渡河，我軍發出號炮，豎起紅旗，即命兵士撈起沙口袋，放下流水，至要至要！」

韓信命眾將今夜靜養，明日見紅旗豎起，立即全力出擊。第二天，他又命曹參、灌嬰兩軍留守西岸，自己率兵渡到東岸，大聲挑戰道：「龍且快來送死！」

龍且本是火暴性子，他躍馬出營，怒氣衝衝，舉刀直奔韓信，韓信急忙退進陣中，眾將出陣抵擋。韓信拍馬就走，眾將也忙退兵，向濰水奔回。

龍且哈哈大笑，說道：「我早說過韓信是個軟蛋，不堪一擊嘛！」說著，龍且領頭追去，周蘭等隨後緊跟，追近濰水，那漢兵卻渡過河西去了。

龍且正追趕得起勁，哪管水勢深淺，也就躍馬西渡。周蘭看見河水忽然淺了，有些懷疑，急追上去想勸住龍且。楚軍兩三千人剛剛渡到河中，猛然一聲炮響，河水忽然上漲了好幾尺，接著便洶湧澎湃，如同滾筒卷席一般。河裡的楚兵站立不穩，被洶湧的大浪卷走，不久便是滿河浮屍。

這時漢軍陣中紅旗豎起，曹參灌嬰從兩旁殺來。韓信率眾將殺回來。不管龍且如何驍勇，周蘭如何精細，也衝不出漢軍的天羅地網。結果是龍且被斬，周蘭被擒，兩三千楚兵通通當了俘虜。

聽龍且對韓信的評價，幾乎完全不了解對方。所言種種，無非出身低微，忍胯下之辱一類的讒言。以此為據而戰兵於韓信，豈有不敗之理？

托爾斯泰也曾經有一個巧妙的比喻，用來說明驕傲的原因。他說：一個人對自己的評價像分母，他的實際才能像分數值，自我評價越高，實際能力就越低。

托爾斯泰的比喻，生動的說明了一個人的自我評價與其真才實學之間的關係。願這個比喻能牢記在人們心中，並時時起到警鐘的作用。

謙遜的兩重性

有位名叫卡爾文．柯立芝（John Calvin Coolidge, Jr.）的美國總統生平有兩則膾炙人口的軼事，在這軼事中我們可以發現他別致的魅力。

柯立芝是以謙遜而聞名的。第一則軼事即是他的謙遜；第二則軼事所表現出的從表面上看，正好與他謙遜的美德相反，但仔細分析，其實質仍是出自於謙遜。

柯立芝在阿姆斯特大學的最後一年，獲得了一枚金質獎章，它是由美國歷史學會獎

給了的最高榮譽。這在全美國來講，也是件很榮耀的事情，可柯立芝並沒有把這件事向任何人講，甚至連自己父母都沒相告。畢業後，聘用他的裁判官伏爾特，無意中從六周以前一份雜誌的消息中發現了這一記載。這使他對柯立芝倍加讚賞與青睞，不久便給了他一個很重要的職位。

在柯立芝的全部事業中，從一名小小的職員一直上升為美國第三十任總統，常以這種真誠謙遜的風貌出現在眾人眼裡。他的身價也由此而聞名。

柯立芝的第二件軼事如下。

還是在柯立芝從事麻省省議員連任競選的時候，在進行投票的前一晚，他將一個小而黑的手提袋包裝好，急步向雷桑波頓車站走去，因為他忽然聽到省議會議長一席空缺的消息。兩天以後，他從波士頓回來，而他那小而黑的手提袋裡已裝滿了多數議員同意他為省議會議長候選人的簽名。就這樣，柯立芝開始正式踏上自己的政治生涯，就任麻省省議會議長職務。

在適當的時機、對著合適的人，這位歷來謙遜的人，用最敏捷的方法脫穎而出。真是「不鳴則已，一鳴驚人；不飛則已，一飛衝天」。

可見，在平素以真誠的謙遜待人，可以增添人格的魅力，博得大眾的好感，為自己事業的騰飛奠定基礎；一旦時機成熟或者機遇已到，就要充分利用謙遜所帶來的身價，一蹴而就，達到目的。

另一個以謙遜聞名於世的人，便是美國南北戰爭時期南方聯盟的戰將傑克遜（Andrew Jackson）。

有人說「天賦的謙遜」是傑克遜顯著的特性和優秀的品格。

還在西點軍官學校時，他便以謙遜著稱。有一名為「石城」的戰役，本來是他指揮的，但他卻一再堅持說，功勞應屬於全體官兵，而不屬於他自己。還有一例就是，在墨西哥戰鬥中，總司令斯哥托對他的指揮能力予以了極高的評價，而傑克遜從未向任何人提起過這事。

不過，傑克遜並不是視功名如糞土，從墨西哥戰爭開始時他給他姐姐的一封信中便可以看出，他充滿了樹立聲譽、博得大眾注目的計畫。因為那個時候他只不過是一個空有其名的副官。在他後來的事業進程中，這位勇敢、謙遜而聰明過人的人，巧妙的運用了他向上進取的每一計畫，使斯哥托將軍大為好感，在他的手下，傑克遜得到了不斷的提拔。

對此，我們不難看出，傑克遜的謙遜的兩重性與柯立芝何等相似！這些人所不願聲張的，只是那些一定會為人們所知道的事情。而當他的至關重要的功績被人們忽略時，

他們也會立即採取必要的行動來標識自己的——只不過這是一種實事求是的標識罷了。

所以，只有目光短淺、胸無大志的人才會時時標榜自己做了什麼，有時為了標識自己，甚至在大眾面前掩飾自己的過失。像傑克遜、柯立芝等偉大的人物可不是這樣，他們都能超脫這種淺薄的虛榮。他們深知，人們所樂意接受和尊敬的是謙遜的人。

一個有功績而又十分謙遜的人，他的魅力定會倍增。

對於謙遜，我們還要指明一點的是：在這個現實的世界，好的道德與才能，如果沒有人知道，並不就是很好的回報。這不僅是在欺騙自己，也是在欺騙別人，更是對自己功績的詆毀。所以，過度的謙遜並不是一種可取的美德。俗話說：「過分的謙虛等於驕傲」，就是這個道理。

少出頭，多自由

美麗的花草最容易招人採摘，而一朵不顯眼的平凡花草，反而更能夠自由自在的開放。低調做人者首先給人的感覺就是「貌不驚人」。當然，所謂的「貌」不完全是指外貌，嚴格的說是「看上去」的意思，即包括一個人的相貌穿著，也包括了行為舉止。這種人給人的感覺是內斂而不張揚、柔和而不粗暴，不顯山露水，也不鋒芒畢露。這種做人的低姿態，能夠減少別人的反感與嫉妒之心。

不過，在這個個性張揚的時代，更多的人遇事喜張揚，遇人好顯擺，更要命的是抬高自己時還一本正經的樣子，不見絲毫的羞澀。我們經常看到一些人，有十分的才能，就要十二分的表現出來。生怕別人不知道，還要十三分的說出來。他們往往有著充沛的精力，很高的熱情以及一定的能力。他們說起話來咄咄逼人，做起事來不留餘地。

俗話說：銃打出頭鳥。先出頭的鳥，最容易成為獵人眼裡的靶子。處世也經常有類似的境遇。木秀於林，風必摧之；行高於眾，眾必非之。要想不成為別人眼裡的靶子，最好是自己主動要放下身段，低調做人。

人的低調之一表現，是在多思索、少說話，多安靜、少喧嘩。不要讓人以為你是個愛搶風頭的人，這樣容易激起嫉妒，產生衝突和公憤。

少出頭，多自由

但矛盾來了：我們每天忙碌奔走，不是希望自己能夠有一天出人頭地嗎？如果事事都不出頭，怎麼會有出人頭地的那一天呢？想出人頭地並不是什麼錯，一個對對自己有事業心的人、一個對家人有責任感的人，都有一種出人頭地的欲望，只不過有些人隱藏得深一點有些人隱藏得淺一點。

做人做事，我們要適當出頭，但不可強行出頭。所謂「強出頭」，「強」在兩層意思。

第一，「強」是指「勉強」。也就是說，本來自己的能耐不夠，卻偏偏要勉強去做。當然，我們承認一個人要有挑戰困難的決心與毅力，但挑戰一定要有尺度。明知山有虎，偏向虎山行，如果沒有一定的能耐，何必去送死？如果一定要打虎，先練練功夫才是最明智的選擇。失敗固然是成功之母，但我們不是為了成功而去追求失敗。自不量力的失敗，不僅會折損自己的壯志，也會惹來了一些嘲笑。

第二，「強」是指「強行」。也就是說，自己雖然有足夠的能力，可是客觀環境卻還未成熟。所謂「客觀環境」是指「大勢」和「人勢」，「大勢」是大環境的條件，「人勢」是周圍人對你支持的程度。「大勢」如果不合，以本身的能力強行「出頭」，不無成功機會，但會多花很多力氣；「人勢」若無，想強行「出頭」，必會遭到別人的打壓排擠，也會傷害到別人。

少些出頭，你的身心就會多些隨意與自由。

用低調化解嫉妒

在秦始皇陵兵馬俑博物館，有一尊被稱為「鎮館之寶」的跪射俑。這尊跪射俑是保存最完整的、唯一一尊未經人工修復的秦俑。秦兵馬俑坑至今已經出土清理各種陶俑一千多尊，除跪射俑外，其他皆有不同程度的損壞，需要人工修復。為什麼這尊跪射俑能保存得如此完整？

原來，這得益於它的低姿態。首先，跪射俑身高只有一百二十公分，而普通立姿兵馬俑的身高都在一百八十公分至一百九十七公分之間。天塌下來有高個子頂著。其次，跪射俑作蹲跪姿，右膝、右足、左足三個支點呈等腰三角形支撐著上體，重心在下，增強了穩定性，與兩足站立的立姿俑相比，不容易傾倒、破碎。因此，在經歷了兩千多年的歲月風霜後，它依然能完整的呈現在我們面前。

由跪射俑的低姿態想到我們的做人之道。一個人若能在人群中保持低姿態，才高不自詡，位高不自傲；也同樣可以避開無謂的紛爭，在顯赫時不會招人嫉妒，卑賤時不會遭人貶損，能更好的讓自己的生活平靜祥和。

用低調化解嫉妒

嫉妒是人性的弱點之一，只不過有的人會把嫉妒表現出來，有的人則把嫉妒深埋在心底。嫉妒是無所不在的，朋友之間、同事之間、兄弟之間、夫妻之間、父子之間，都有嫉妒存在。而這些嫉妒一旦處理失當，就會形成足以毀滅一個人的烈火，特別是發生在朋友、同事間的嫉妒情緒，對工作和交往更會造成麻煩。

朋友、同事之間嫉妒的產生有多種情況。例如：「他的條件不見得比我好，可是卻爬

到我上面去了。」」他和我是同班同學，在校成績又不比我好，可是竟然比我發達，比我有錢！」在工作中，如果你升了官、受到上司的肯定或獎賞、獲得某種榮譽，那麼你就有可能被別人嫉妒。女人的嫉妒會表現在行為上，說些「哼，有什麼了不起」或是「還不是靠拍馬屁爬上去的」之類的話。但男人的嫉妒通常藏在心裡，有的藏在心裡就算了，有的則明裡暗裡跟你作對，表現出不合作的態度。

因此，當你一朝得意時，應該想到並注意到的問題是：

同單位之中有無比我資深、條件比我好的人落在我後面？因為這些人最有可能對你產生嫉妒。

觀察同事們對你的「得意」在情緒上產生的變化，可以得知誰有可能在嫉妒。一般來說，心裡有了嫉妒的人，在言行上都會有些異常，不可能掩飾得毫無痕跡，只要稍微用心，這種「異常」就很容易發現。

而在注意這兩件事的同時，你應該儘快在心態及言行方面做如下調整：不要凸顯你的得意，以免刺激他人，徒增他人的嫉妒情緒，或是激起其他更多人的嫉妒，你若洋洋得意，那麼你的歡欣必然換來苦果。

把姿態放低，對人更有禮，更客氣，千萬不可有倨傲侮慢的態度，這樣就可在一定

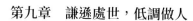

用低調化解嫉妒

程度上降低別人對你的嫉妒，因為你的低姿態使某些人在自尊方面獲得了滿足。

在適當的時候適當的顯露你無傷大雅的缺點，例如不善於唱歌、外文很差等，以便讓嫉妒者的心中有「畢竟他也不是十全十美」的幸災樂禍的滿足。

和所有嫉妒你的人溝通，誠懇的請求他的幫助和配合，當然，也要指出並讚揚對方有而你沒有的長處，這樣或多或少可消弭他對你的嫉妒。

遭人嫉妒絕對不是好事，因此必須以低姿態來化解，這種低姿態其實是一種非常高明的做人之道。

學會低調做人，就是要不喧鬧、不矯揉、不造作、不故作呻吟、不假惺惺、不挑起是非，不招人嫌、不招人妒。即使你認為自己滿腹才華，能力比別人強，也要學會藏拙。而抱怨自己懷才不遇，那只是膚淺的行為。

第十章 舉止得體，風度翩翩

優雅的風度究竟從何而來？

它來自於言行，它來自於修養，它來自於心靈，也來自於人的知識與才幹。良好的風度必須以豐富的知識與涵養為基礎。風趣的語言、寬厚的為人、得體的裝扮、灑脫的舉止等等。無不展現著一個人內在的美好，然而，如果你有豐富的知識，而且運用起來得心應手，思維敏捷。深刻而又獨創，那麼優雅的風度就會隨之而來。要培養優雅的風度，還要從日常小事做起。

「禮貌使禮貌的人喜悅，也使那些被以禮相待的人喜悅。」——孟德斯鳩

「禮儀的目的和作用是使得本來的頑固變柔順，使人的氣質變溫和，使他尊重別人，和別人相處融洽。」——洛克（John Locke）

「最得體的服裝應該是一種恰到好處的協調和適中。」——笛卡兒

「有一種毫不做作的良好教養，每個人都能感覺到它，但只有那些天性善良的人才會付諸實踐。」——查斯特菲爾德（4th Earl of Chesterfield）

先學禮而後問世

什麼是社交禮節呢？簡單說就是人與人相處、相交所遵循的規範。

禮節並非是一成不變的教條，也不是上流社會中特有的規矩，而是任何一個階層的每個人都應懂得並遵行的生活修養與準則。

說到社交禮節，一般人往往有高深莫測之感。老一輩人常常告誡年輕人：入社會之前要先把禮節學好，才不會被人笑話！這就是「先學禮而後問世」的說法。舊有的禮節繁雜瑣碎，單單要記牢一套虛字眼的應對說話已經夠多的，還有一大堆起座言行的規矩。

禮節當隨時代的變化而賦予新的形式和內涵。今天社交生活中所運用的新禮節略有不同以往，其「禮」，是教人尊重與關心他人，合乎人情；其「節」，是教人在言行舉止上要恰如其分，合乎事理。透過「禮節」，使大家相處得更加友好，和睦……所以，這些在日常生活中所接觸到的問題，並不高深，也不繁褥，而是簡單易行的。

社交禮節本來就不是講求形式的東西，保持彬彬有禮的態度，以及注意儀表固然不可少，但更重要的是在實際生活中隨時隨地關心朋友、尊重朋友的精神，甚至在公共場合也必須關心和尊重他人的原則。譬如：在街上無意間踩了別人一腳，能說一聲：「對不起」；在公車上能讓座給老弱婦孺；在與他人談話時能做到耐心的傾聽……這些就是禮節。說它難嗎？誰都可以做到。說它易嗎？做到的人卻不多。

學習禮節雖不是一件難事，但要做到處處講禮節倒也是一件不容易的事。因為禮節不等予一套公式，並不等於「鞠躬如也」。禮節在一定程度上反映了一個人的道德修養，因此，我們隨時隨地都要注意自己的言談舉止。有位朋友說得好：「要學習禮節，最好是從公共場合待人接物做起。」此話說得真是恰到好處，禮節原是人類社會生活中共守的東西，大家都講究禮節，人們相處就會更融洽、更友愛、更和睦、更團結起來，就像一個大家庭一樣。

有許多人能夠在社交場合中講求禮節，而且顯得彬彬有禮，溫文爾雅，但是當他在

公共場所中，卻顯得粗魯和蠻橫，爭先恐後，唯恐吃虧。我們在搭乘公共汽車和上火車時都可以見到這種現象，人們一窩蜂的上車而把老弱婦孺擠在一邊；在車輛上也蠻橫的霸座一方，對老弱視而不見……這種人儘管是社交場合中的君子，社交能手，但由於他只講個人利害得失，因此，可以說他在社交場中的禮節是虛偽的。禮節不是為表演用的，而是日常生活中，展現人與人之間相處的精神。一個人能夠做到處處講禮節，那麼，當他出現在任何社交場合也絕不會失態。

人是有感情的動物，因此，當受到別人尊重時，自然會感到快樂；當受到別人輕視時，自然就會覺得氣惱。不管在任何時代，這種導致人與人相處的關係始終不變，這是人類的通性。而促使這種關係相處圓滿的最好方法，就是「禮」。它代表尊敬、尊重、親切、體諒等意義。

東方人的民族性較西方人含蓄，因此，特別講究禮節。由於太重視繁文縟節，以至於有些人對「禮」的認識發生偏差，他們以為只有對長輩、上司，或想討好對方時才講禮節，對晚輩或自己沒有利害關係的人，就可馬虎。

甚至還有人認為，禮貌只是社交上的一種手段，並沒有其他價值。如果以這些態度來評斷禮節，豈不是使人際關係變成「錢貨兩訖」的交易關係，和做生意又有什麼兩樣？

現代心理學指出「自尊是維持心理平衡的要素。」可見每個人要維持心理的平衡和健康，都要有活得「理直氣壯」的感覺，也就是處處受人尊重，才能進一步肯定自己存在的價值。所以，尊重、體諒等「禮」節，絕不是規章條文，也不是虛假問候，而是發自內心最基本也最真誠的行為。

俗話說：「先學禮而後問世。」學些什麼禮呢？彬彬有禮的態度又是怎樣的呢？沒有人生下來就懂禮，家庭、學校、社會，逐漸教導我們成為一個具有彬彬風度的人。但是，如果每做一件事都有一套刻板的禮儀在縛手縛腳豈不很煩瑣。

事實並不儘然，因為，有許多禮儀事實上是日常生活中的一部分，習慣成自然，我們早已感覺不到它的約束。另外，關於人情往來、社交活動等較特殊的禮節，只要我們基於尊重、體諒別人的心情之上，也都是不難做到的。

所以，禮，絕不能、也絕不是只講求形式，要保持彬彬有禮的態度，在現實生活中，一定要從尊重他人，關心他人出發，在社交場合中，自然也就能以平實有禮的態度與人交往和溝通。

如果能身體力行，適當的做到「多禮」，則必然「人不怪」而大受歡迎。所以，彬彬有禮的風度，不但能成為你最高貴的「飾物」，同時還能給你帶來優雅有加的魅力。

良好的個人衛生習慣

有些人說，乾淨的人是因為乾淨的人有條件，這同經濟條件有關。事實上，這個論點是站不住腳的。希臘的漁民和馬來西亞農村的農民都是貧窮的，但他們非常乾淨。比如馬來西亞的農民，他們一進家門就把鞋子脫下來，使他們的房子保持高度的乾淨。

在我國雲南邊疆山區，那些地方很窮，所有的房子都是一樣的，泥地、泥牆、木板的屋頂。他們的經濟能力也是一樣的。但即使這樣貧窮的地方，他們身上穿的衣服雖然都有補丁，但照樣洗得乾乾淨淨。看來乾淨的習慣是可以培養的，好的風氣也是可以培養的，並不一定與經濟環境有關。

個人清潔

每個人在每一天都應該有良好的個人清潔習慣。

首先是牙齒。刷牙有時一天不止一次，可以三餐飯後都刷牙。西方有用牙線清潔牙齒的，他們不會用牙籤。清潔牙齒的牙線比牙籤清潔更徹底。除了早晚各刷一次，中午吃飯後也刷一次牙，晚上睡覺前必定會刷牙，感覺洗得更乾淨。爭取每次吃完東西之後就洗牙齒，養成習慣。

定時到牙醫診所洗牙是個好習慣。這樣不僅可以保持牙齒健康，還能控制你的氣味，保持身體健康。因為不好的口氣，例如口臭，也許就是從不健康的牙齒裡面產生出來的。

再有就是手和指甲。需要定期修理指甲、清潔指甲，用刷子刷所有的指甲。

有些人臨時需要記一個電話號碼或一個簡單記錄時，由於一時找不到紙，他們會把電話號碼或別的什麼寫在手上，這是很不好的習慣，手弄髒了，髒手碰任何東西都會髒，包括你的衣服、你的臉。在外國很少看到這種做法。注意清潔，講究衛生的人常常洗手，一天洗幾次。乾淨的手和指甲也是文明的表現。

還有就是每天應該洗頭、洗澡、換內衣、襯衫和襪子。每天都應保持鞋子的清潔。

氣味的問題

有些人吸菸、喝酒、吃蔥蒜等刺激性食物，都會有一種不好的氣味，像菸味、酒味、脫鞋味、腋味……可他們自己都感覺不到。

我們應該對氣味特別敏感，因為不好的氣味不僅說明你的個人衛生不夠清潔，顯得很低俗，也會使你旁邊的人感動不舒服。菲律賓女總統阿羅約就公開聲明，不再接受別人親吻式的問候，因為她「實在受不了某些人的氣味」。現在有很多關於去除異味的產品，比如香水、漱口水、防腋臭香水、香皂等等，可以適量的用它們。

打造優雅的體態

體態無時不存在於你的舉手投足之間，優雅的體態是人有教養，充滿自信的完美表達。美好的體態，會使人看起來有風度得多，也會使人身上的衣服顯得更相得益彰。善於用形體語言與別人交流，定會使人受益匪淺。

戴安娜．維瑞蘭德（Diana Vreeland）是目前世界最重要的時裝權威之一，她曾說過：脖頸、脊背、手臂和腿的伸展以及輕捷的步履是與美緊密相連的。她說得不錯，每個人的體態很能說明他的一切。假如很消沉或情緒低落，就會萎靡不振；假如很疲憊，就會無精打采；假如感到無保障不穩定，那麼他的體態也不會舒展。人的體態還能決定身上服裝的效果，即使是最昂貴、最漂亮合體的服裝，也無法掩飾一個萎靡不振的軀體所給人的不良觀感。這些對女人來說重要，對男人也是如此。

站姿

的確有很多人不知道怎麼站，站起來很不自然，很不漂亮。

女人的基本站立姿勢應該是這樣的：抬頭，挺胸，收緊腹部，肩膀往後垂，將重心全部放在後腿上，站的時候看上去有點像字母「T」，因此人們稱之為「基本T」或者

「模特T」。而且好像有一條繩子從天花板把頭部和全身連起來，感覺很高，身體都拉起來了，這就是正確的站姿。站起來應該是很舒服的，很大方的，顯得總是鎮定、冷靜、泰然自若。千萬不可站成八字步，叉著腰，手則放在旁邊，輕輕的，好看得多了。

男士正確站姿是挺胸，抬頭，收緊腹部，兩腿稍微分開，臉上帶有自信，也要有一個挺拔的感覺。絕不可抻著頭、駝著背、哈著腰、挺著肚……想一想演員們塑造的漢奸、地痞、流氓等形象，那就是最好的反面例證。

坐姿

我們經常可以看到有些人不正確的坐法：兩腿叉開，腿在地上抖，腿蹺得太高。無論你穿什麼衣服、褲子或裙子，男士和女士都不能這樣做。

女士正確的坐姿是你的腿進入基本站立的姿態，腿後側能夠碰到椅子，輕輕坐下來。兩個膝蓋一定要並起來，不可以分開，腿可以放中間或放兩邊。如果你要蹺腿，兩條腿是合併的；如果你的裙子很短的話，一定要小心蓋住。尤其是要經常走動或工作的女士，或者要上高臺坐下來的主禮嘉賓，都不適宜穿太短的裙子。絕不能兩腿分開。

男士膝部可以分開些，但不宜超過肩寬，更不能兩腿叉開，半躺在椅子裡。

總之，人坐在椅子上可以不時變換一些姿態。但不管如何變，都要端坐，腰挺直，頭、上體與四肢協調配合。國際上流行的一個原則，那就是坐下時，只要對方看不到你的鞋底面，就基本上是坐姿正確。

行姿

不正確的走姿使你看起來無精打采，沒有自信心，也沒有風度。女士正確的行姿是：抬頭，挺胸，收緊腹部，肩膀往後垂，手要輕輕的放在兩邊，輕輕的擺動，步伐也要輕輕的，不能夠拖泥帶水，還是如前所說，想到有一條繩子從天花板垂下把頭和身體連起來，把你的身體拉高了。如果你走姿是正確的話，那你的身體的線條會漂亮得多了，走起來高很多，而且有自信心。

蹲姿

當女士有時不得不蹲下來撿些東西，這在生活中也是難免的，此時，不要光彎腰，臀部向後撅起，這非常不雅，也不禮貌，對腰也不好。正確的方法應該彎下膝蓋，兩個膝蓋應該並起來，不應該分開的，臀部向下，上身保持直線，這樣的蹲姿就典雅優美多了。

男士則沒有這麼嚴格。

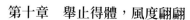

做幾個優雅體態的練習

古人把優雅體態，概括為「站如松，坐如鐘，行如風」。下面幾個練習，就是教你如何保持你的體態優雅。

‧「**站如松**」：靠牆壁站直，讓腳後跟頂住牆，把手放在腰和牆之間，看看是否能放進去？空間是否太大？你的手應該剛好能放進去，沒有多餘的空間。如果有很大空間，你可以彎下腿，慢慢蹲下去，把手一直放在背後，蹲到一半時，你會發現你和牆之間的空間消失了。這種方法能讓你體會到正確體態的感覺。

躺在平面上，也能做同樣的練習。你可以把臀部往後收，但腳底要保持平放在地板上。當開始練習時，背後會有很大空間，但經過練習之後手就幾乎插不進去了，效果是美妙的。

‧「**坐如鐘**」：首先進入基本站立姿勢，腿側剛好能碰到椅子的邊沿，然後把手放在大腿上，以保持平衡，彎曲雙膝，後背要挺直，坐到椅子邊上。不要把自己「陷」在沙發裡面。

如果你的腳還可以搆到地面，那麼，你可以由保持基本站立姿勢的雙腿，或者變換成雙腿側放，可以向左，也可以向右；或者把一條腿放在另一條腿上。但在變換姿

勢時，兩個膝蓋一定要合攏，千萬不能分開。

要想站起來，只要按照相反的步驟做就行了。但一定要抬頭、挺胸。

・「**行如風**」：要記住，我們不是在賽跑，而是在練習像風一樣輕捷的步伐，這樣走路時才可以保持優雅的體態。可以把一本書放在自己的頭頂上，放穩之後再鬆手，接著把雙手放在身體兩側，用前腳慢慢著的、小心的從基本站立姿勢起步走。儘管可能會感到這種方法有點不自然，但這確實是訓練人們從一點走到另一點的最有效的方法。這樣練走路，關鍵是走路時要擺動大腿髖關節部位，而不是膝關節，步伐才能輕捷。

總之，一旦學會了正確的體態後，還要經常的練習，有理由相信很快的，優雅的、大方的動作都會自然的成為你的一部分，根本不用特別想到它了。假如你要上電視，或者到一個重要的新朋友家裡去做客，你會發現你根本不用在意自己怎樣坐、怎樣站、怎樣做某些動作，因為你已經完全自如了。你還可以把注意力完全集中到更重要的事情上去——譬如用心結交新的朋友或是學習你周圍世界新的更有意思的東西。

摒棄不良的舉止

不良舉止有很多，下面試舉幾例常見的不良舉止。

不當使用手機

萬一你事務繁忙，不得不將手機帶到社交場合，那麼你至少要做到以下幾點：將鈴聲調為震動，以免驚動他人。找安靜、人少的地方接聽，並盡量控制自己說話的音量。如果在車裡、餐桌上、會議室、電梯中等地方通話，盡量使你的談話簡短，以免干擾別人。

如果下次你的手機再響起的時候，有人在你旁邊，你必須道歉說：「對不起、請原諒。」然後走到一個不會影響他人的地方，把話講完再入座。

如果有些場合不方便通話，就告訴來電者說你會打回電的，不要勉強接聽而影響別人。現在很多場合（如醫院、飛機上）是禁止打行動電話的，千萬不要違反這個規定，否則就是「沒教養」的人。

吸菸不分場合

現在禁菸在全世界的發達國家和地區是個很重要的話題。因為大家都明白，吸菸是導致癌症、肺病、咽喉病的最重要的原因，還會嚴重污染環境。

很多航空公司都規定在飛機艙內不准吸菸。很多大公司不僅在辦公室內不准吸菸，甚至進入大樓就不許吸菸，要吸菸你必須離開大樓。所有戲院、影院、音樂廳都不能吸菸。

為了保護不吸菸的利益，餐館裡也常常一分為二：一半是吸菸區，一半不可以吸菸。如果你在不可以吸菸的地方吸菸的話，會有人罵你的。人家甚至可以向法院指控餐館老闆。在這一點上，美國人確實表現得非常認真，絕不會開玩笑。

在這樣的氣氛中，很少有人在室內的公共場所吸菸。但在馬路上吸菸卻是常見的。在大廈門口，員工在休息時間下樓吸菸也是常見的。

此外，「二手菸」的危害是非常明顯的，吸菸不僅傷害自己，而且傷害你周圍的人。特別是孩子們的肺是很弱的，千萬不能在他們面前吸菸，這將會害了他們。這一點，當爸爸媽媽的要特別注意。

在別人家裡吸菸要事先徵得主人的同意，如果主人不同意，就不要吸菸。如果你吸菸，一定要在離開人家時並且把菸蒂處理掉。千萬不要邊抽菸邊出門。

在餐館裡，即使在吸菸區，你也要先問你的朋友是否介意你吸菸。這是禮貌。

隨地吐痰

吐痰是最容易直接傳播細菌的途徑，隨地吐痰是非常沒有禮貌而且絕對影響環境、影響我們的身體健康的。

如果你要吐痰，把痰抹在紙巾裡，看到垃圾桶時丟進去。也可以去洗手間吐痰，但不要忘了清理痰跡和洗手。

當眾嚼口香糖

有些人整天嚼口香糖，嚼的時候還不斷的發出聲音，這也是一種缺乏修養的表現。有些時候又必須嚼口香糖以保持口腔衛生，那麼，我們應當注意在別人面前的形象。咀嚼的時候閉上嘴，不能發出聲音。並把嚼過的口香糖用紙或塑膠帶包起來，然後扔到垃圾桶裡，千萬不可像隨地吐痰一樣吐掉它。隨地吐口香糖和隨地吐痰，都是最讓人鄙俗的行為，是一種極下賤的行為。

當眾挖鼻孔或掏耳朵

有好多人把大拇指或小指的指甲留得較長，他們把指甲留得較長的原因並不是出於對指甲的一種偏愛（如果是一種偏愛那就另當別論），他們的目的竟然是當作一種「工

具」，用來挖鼻孔、掏耳朵、剔牙等，這是一個很粗俗的習慣。還有些手癢的人，只要看見什麼可以用，諸如鑰匙、牙籤、髮夾等，就信手拈來，用於挖鼻孔或者掏耳朵。尤其是在餐廳或茶坊，別人正在進餐或喝茶，這種不雅的小動作往往令旁觀者感到非常噁心。這是很不雅的舉動。

當眾搔頭皮

有些頭皮屑多的人，往往在公眾場合忍不住頭皮發癢而搔起頭皮來．頓時皮屑飛揚四散，令旁人大感不快。特別是在那些莊重的場合，這樣做實在是很難得到別人的諒解的。

在公眾場合，頭皮屑落在衣服上是很不雅觀的，必須時時注意用手撣乾淨。

在公共場合抖腿

有些人坐著時會有意無意的讓雙腿顫動不停，或是讓蹺起的腿像鐘擺似的來回晃動，而且自我感覺良好，以為這樣做無傷大雅。其實這會令人覺得很不舒服。這不僅是不文明的表現，也是極為低賤的行為，從古至今都認為這是一種窮酸敗落的舉動。曾經一個小夥子因為做了一次這樣的動作，立即被老闆開除了，老闆稱怕他這種行為給公司帶來「窮命」，太不吉利。

當眾打哈欠

大庭廣眾，你能忍住不打哈欠嗎？在交際場合，打哈欠給對方的感覺是：你對他不感興趣，表現出很不耐煩了。因此，如果你實在控制不住要打哈欠，一定要馬上用手蓋住你的嘴，跟著說：「對不起。」。

當眾頻頻看錶

如果你沒有要事在身，那最好在別人面前盡量不看或少看自己的手錶，否則會使你的朋友誤認為你急於脫身。若真是因為忙或有其他重要約會，不妨直說，委婉的告知對方改日再談，並順便表示歉意。最好的解決方法，是你事先就告訴別人你將要離開的時間。這樣做不僅可以取得別人的諒解，還認為你是遵守時間的人。

在學校裡，學生如果做了以上的不良行為，應該受到譴責。在社會上，大家都應該阻止這種行為。但更多的是，我們要記住，就像亂丟垃圾會使環境變得很髒，你應該意識到不良舉止和壞習慣會使別人感到非常的不舒服。

帶著你的微笑出門

微笑是一種國際語言，不用翻譯，就能打動人們的心弦。微笑是盛開在人們臉上的一朵美麗的花，時時刻刻散發著迷人的芬芳。真正的微笑應發自內心，滲透著自己的情感，表裡如一，毫無包裝或矯飾的微笑才有感染力。

微笑可以表現出溫馨、親切的表情，能有效的縮短雙方的距離，給對方留下美好的心理感受，從而形成融洽的溝通氛圍。它能產生一種魅力，它可以使強硬者變得溫柔，使困難變得容易。所以微笑是人際交往中的潤滑劑，是廣交朋友、化解矛盾的有效手段。

西班牙一士兵在戰爭中俘虜，關在監獄並將在次日中午被槍斃。在恐懼無助之中，這個俘虜向看守監獄的敵軍士兵投去了一個友好的微笑，迎得了對方的親近，從香菸借個火到在惴惴不安中提及『孩子』這個溫暖的話題，一下便觸動了因戰爭而冷漠的面孔下那顆原本柔軟的心。最後，那個看守冒著極大的危險，將西班牙士兵偷偷放出並護送到城外。

微笑是一種接納，而不會展示微笑的人，身上好像在傳送一條資訊：「煩著呢！別靠近我」。這樣有誰願意同他接近呢？

一個人的微笑，一種真正的微笑，一種令人心情溫暖的微笑，一種出自內心的微笑，比高貴的穿著更重要。笑容能照亮所有看到它的人，像穿過烏雲的太陽，帶給人們溫暖。一個大公司的人事經理說，他寧願雇用一名有可愛笑容而沒有念完中學的女孩，也不願雇用一個擺著撲克面孔的哲學博士。

這就是微笑的魅力。

有點遺憾的是，在現實生活中，大多數人很注意自己的外在形象。出門時要對著鏡子特意打扮一番，看衣服是否合身、領帶是否平整、頭髮是否有型、化妝是否恰到好處，惟恐粗俗的衣著和不雅的妝飾影響自己的形象，卻往往忽略了臉上是否帶著微笑。

握手要有誠意

和微笑一樣，握手也是一種常用的「見面禮」，而有時候又具有「和解」、「友好」等重要的象徵意義。尼克森總統回憶他首次訪華在機場與周總理見面時，他說：「我走完梯級（從飛機舷梯走下來）時，決心伸出我的手，一邊向他走去。當我們的手握在一起時，一個時代結束了，另一個時代開始了。」據基辛格（Henry Alfred Kissinger）回憶，尼克森為了突出這個「握手」的鏡頭，還特意要基辛格等所有隨行人員都留在專機

上，等他同周恩來完成這個「歷史性握手」後，才允許他們走下機來。

貌似簡單的握手，卻蘊涵著複雜的禮儀細則，承載著豐富的交際資訊。比如：與成功者握手，表示祝賀；與失敗者握手，表示理解；與同盟者握手，表示期待；與對立者握手，表示和解；與悲傷者握手，表示慰問；與歡送者握手，表示告別，等等。

在一般社交場合，人們應該站著握手，除非兩個人都坐著。如果你是坐著的，有人走來和你握手，你必須站起來。如果你不能站起來，你要說：「對不起，我不能站起來。」

標準的握手姿勢應該是平等式，即大方的伸出右手，用一點力握住對方的手掌。請注意：這個方法，男女是一樣的！很多人以為女人握手只能握她的手指，許多女人認為她只需伸出她的手指，這都是錯誤的！

握手的力度要適當，過重過輕都不宜，尤其握女人的手，不能太重。因為有的時候，她們戴著戒指，你的握力太重會使她們感到疼痛。

握手的時間通常是三到五秒鐘。匆匆握一下就鬆手，是在敷衍；長久的握著不放，又未免讓人尷尬。

別人伸手同你握手而你不伸手，是一種不友好的行為。在傳統禮儀文化中，常常要待長者和身分高的人先伸出手來，才可以接受握手。注意握手時絕不可把另一隻手放進口袋。

握手的一剎那，應該面帶微笑，雙目注視對方，顯得你非常有誠意，而且充滿了友誼。

握手之女士優先原則

這一節不單是寫給年輕男士看的，同時也是寫給年輕女性看的。

今天是男女平等的時代，但「女士優先」仍是世界上許多國家和地區的社交原則。女士優先，不僅僅是順序上的優先，更包含著尊重女士和幫助照顧女士。男人不遵守這一成規，不僅會被認作失禮，還有可能被認為「不是男人」。而女士若在這一規則面前過分矜持，也是一種失禮，用國外所說的話，叫「女人應該給男人獻殷勤的好機會。」

比如在餐館裡進餐，服務生總要先給女士上菜。是尊重女士的表現。男士和女士走在一起或坐在一起，應讓女士在右邊。因為一般認為右邊比左邊尊貴。主人分設宴席座位，應讓女士坐在男士右邊。在人行道上，男士應走在靠車道的一邊來保護女士。

如果有前後次序，那麼通常女士在前。進出電梯或進出房間時，讓女士先行。而在

下山或下狹窄樓梯時，恰好相反，應該男士在前，在下；女士在後，在上。

進入劇場或電影院，女士先行。男士走在後面向檢票員出示票子。總之，只要在需要男士去承擔可能出現的危險或有利於照顧女士時，男士就應該走在前面。

男士有幫助照顧女士的義務。男士不僅不應與女士搶座位，而且要讓座；就餐時，男士要為女士拉椅子，等女士站到適當的位置時，再把椅子送上去；與女士同行，男士要幫她拿手包以外的物品；遇到下雨，男士要主動撐傘；到衣帽間存放衣物，男士要幫女士脫下大衣，存放好後才輪到自己；取衣物時，也要先幫助女士。無論在何種場合，男士都應盡可能的幫助女士。

男士應主動撿回身旁女士掉在地上的東西，即使男士是上司，也可以做一個很有風度的上司。

男士陪女士上車，應先開門，並且用手擋在女士頭頂與車門頂之間，協助她登車後，自己才上車。下車時也得先下來，為女士打開車門。

這對男孩子們不太公平吧？其實有禮貌並不會使你有什麼損失。相反會讓你在女士面前顯得更有風度。若你對女孩子這樣做，她們也會和善的對待你。

服裝是一門交際語言

「穿得整齊人欽敬，穿得襤褸被人輕」，可以說是從古至今人與人之間相互吸引的基本原則。具有儀表魅力的人如一陣清新的風，與人交往時如清風撲面，讓人心曠神怡。

曾經有人說：如果一個人是一本書，那麼這個人的穿著便是書的封面。一本書若有設計良好的封面，可以吸引讀者產生拿起並閱讀的欲望；同理，一個穿著有魅力的人，也會吸引其他人與之交往。

現代社會中，個人的著裝已經成為一個人的社會地位、經濟狀況、內在修養及氣質的表現。有時，即使是名人也離不開這個規律。

不要以為穿什麼無所謂，怎麼穿也無所謂，服裝發展到了現在，可以說是一種無聲的交際語言，它能告訴人們你的品味如何，身分如何及性格怎樣等。所以在提升自己的魅力時，一定要把穿著高度重視起來。

適當的穿著形象為你的事業的成功起著推波助瀾的作用。當然，形象對於那些身處失敗者之列的人來說，也算是一個陌生而無用的概念。對於很多初入社會的年輕人來說，能用形象的魅力，為自己創立一個清純的形象，以確立自己穩固的位置，也是一件值得探討的事。

對於那些在傳統和歷史較久的行業中從事工作的人們，如銀行、保險、金融、會計、律師業，或者那些從事企業的市場、銷售等與社會群體、個體接觸的工作者，更應該精心的策劃、設計自己的形象。對於那些追求成功的人，創立一個可信任的、有競爭力、積極向上、有時代感的形象，無論是在什麼群體中都能獲取公眾的信任從而脫穎而出。

比爾蓋茲就非常注重自己的形象，他曾經請專家對自己的形象進行設計、包裝與宣傳。比如，在一九九一年，他在拉斯維加斯首次發表演講。為了使自己以更好的形象出場，使自己的演講產生巨大的影響與傳播力，比爾蓋茲甚至專門請來了形象專家為自己的著裝作指導。

比爾蓋茲演講時，熟悉比爾蓋茲的人都非常吃驚，只見比爾蓋茲一改往日懶散隨意的形象，穿了一套非常得體的黑西服。儘管他很多天生的東西，如他那尖銳的嗓音雖然無法改變，但絲毫沒有影響到他的公眾形象。結果，這場主題為「資訊在你的指尖上」的演講傳遍美國，獲得了巨大的成功，而比爾蓋茲的形象魅力值也迅速得到了提升。

著裝恰當是關鍵

著名哲學家笛卡兒曾說過，最美的服裝應該是「一種恰到好處的協調和適中」。不恰當的衣著會引起人們的反感，給人留下相當不好的第一印象。比如，一位教師如果以「西部牛仔」或「伴舞女郎」的打扮走上講臺，肯定不會受到學生的尊敬，即使課講得再好，水準再高，也難以改變這一狀況。另外，「愛美之心，人皆有之」，美觀得體的衣著，往往首先給人以悅目的感受，讓人產生與他繼續交往的願望。「先敬羅衣後敬人」這一古語雖說從道德上講有所欠缺，但它畢竟是一個我們無法改變的現實的社會觀念。其實這也是情有可原的，因為對方要了解你的「內在本質」還要經過一段時間，而展現一個人的個性的衣著卻讓人一目了然，留下一個直觀的印象。

恰當的著裝，並不是說一定要穿上價錢昂貴的衣服，有時正好相反，一味追求華麗富貴，反而給人以庸俗的印象，關鍵是要整潔大方，能展現人的內在素質。現在有許多公司對所屬雇員的著裝都有「規定」，而它並不是說要穿得怎麼好看或衣料質地的好壞，關鍵是要符合審美的要求。

服飾要做到兩和諧。一是服飾與人的身體、相貌、年齡、性格等因素和諧，另一是服飾與時間、氣候、場合、職業等的和諧。

恰當的穿著真的能改變人，使人變得較為英俊．瀟灑，或亮麗動人。但是只有先認識自己、了解自己，才能強調自己、裝扮自己，透過「著裝設計」達到取長補短的效果，創造「自我」的風格。

如果你家裡有一面穿衣鏡，請你現在就走到鏡子前。不要整理頭髮，不要換衣服，也不要任何裝飾，就這樣走過去，邋遢就邋遢吧！把自己當作別人，好好的瞧瞧鏡中的「他」：由頭到腳不能放鬆，也不必過於苛求，自己看到的是什麼樣子的人？

還有，不要把眼睛對準某一點，不用管單一的胸圍、腰圍、臀圍以及手或腳怎麼樣，只要看整體的感覺就夠了，就好像別人看你那樣看看自己，也許你會發現——鏡中的這名男士年齡二十多歲，五官端正，但衣著不雅，舉止雖不像電影明星，但也很夠味道。

你會發現的缺陷其實很容易掩飾，你需要為新形象描繪一張藍圖。只有用這種心情來改善自己，你獨特的氣質風味才能慢慢的培養出來。

著裝應得體與個性相容

成功的穿著，除了認識自己之外，在選擇穿著時，還要注意不能給人勉強的感覺，所以，我們要強調「穿著得體」！

著裝恰當是關鍵

其實，簡單的說，這一節只有一個重點：當你自己感到得體合適時，你的服裝表現才會是一副充滿自信、神采奕奕的模樣。

我們的社會地位和自我形象，常因不同的生活方式、工作環境而有所差別。在這種情形下，我們該如何選擇自己的形象？如何穿著成自己所希望的模樣？或是別人能欣賞的那種類型？這是很難兼顧的事。

人的個性很難定為幾個特定的形態，但是，在穿著的表現上，主要有四種類型，下面我們簡要闡述這四種類型的特色：

- **休閒型**：逍遙自在、神氣、幽默感十足、外向

在別人眼中，他是個不在乎名利的人，喜歡大自然景觀。

- **保守型**：沉穩、冷靜、傳統

在別人看來，他忠實可靠，可成就大事，喜歡較單調枯燥的工作。

- **典雅型**：自制、世故、練達

看起來像一位氣質高貴的人，愛好從事優雅、輕鬆的工作。

- **冒險型**：膽大、主動、自負

似乎常有一些離奇古怪的事能讓他碰見，因而別人常會懷疑：「奇怪，他哪來這麼

多精力，可以去應付那許多事？」這種人喜歡有挑戰性比較高風險的行業。

你覺得自己是那一類型的人呢？很可能看了這些類型之後，更搞不清自己的形象了。這是很自然的，因為對每一個人來說，個性上的分類並不是絕對的，它只是參考，提供給你作比較和選擇而已。如果你終於可以穿出一種「風格」，那麼你的穿著就得體了，換種說法就是，你的類型已確定了。

穿著的藝術是：你喜歡休閒型，但你並不是一定要全套的休閒打扮，你只要再強調一兩處重點，讓別人感受到即可。當你逐漸熟悉自己以及服飾之後，你就可以慢慢找到購衣穿衣的竅門。

衣著是「人和」的第一要件

所謂「人和為貴」，衣著正是最得「人和」的第一要件。所以，穿著如果不能適應環境的要求，你很可能就會被摒棄在環境之外；即使硬是擠進其中，也會被圈內人排斥。因此，穿衣就像是一個入境隨俗的問題，換言之，就是恰當的穿出自己的「身分地位」，使自己與周圍的人打成一片。

何況，衣服可以彌補身體上的缺陷，可以強調身體上的美點，可以增強當事人的權威，可以激發他人的認同，也可以減低對方的敵意，獲得對方的同情。但如果不懂得透過服裝來展示自己，很可能就會得到相反的效果，所以無論是從事哪一種職業，對穿著的問題都不可等閒視之。

一個人一生難免會受到自己身世背景的影響，只不過所受影響的程度不同而已。我們不但不能選擇那來自父母的遺傳因素，同時，我們對自己在成長過程中所必須面臨的環境以及家庭社會的背景，一般也是沒有多少選擇餘地的。

因此，氣質除了天然生成以外，和後天的教養更有著密切的關係，而代表教養、儀態最直接的方式，便是我們的衣著。所以，對衣著的講究，是一個人必須注意的一件大事。

此外，最重要的還要充實自己的學識。中國社會一向對有知識的人，也就是「知識份子」給予很高的評價。在國外，知識份子也同樣享有社會的尊敬。但遺憾的是，「學識」並不是在短期內即可速成的。而「常識」卻是短期內就能掌握的，比寒窗苦讀，爭取「碩士」「博士」要容易得多。所以，只要你多留意掌握各方面的常識，同時來配合恰到好處的衣著，很快就會被你正努力躋身加入的那個階層的社會人士所接受。

今天的社會雖不會像戲劇裡那樣嚴格地用衣服來象徵職業和地位，但是也不至於毫

無章法可循。舉例來說，在銀行業工作的人常穿比較保守的全套西裝，才能給客戶一種穩重可靠的印象；而從事文藝工作的明星，則必須穿得新潮些，才能吸引別人的注意。

服飾也要適合形體

人有高矮之分，體形有胖瘦之別，膚色有黑白之差等，因此，穿著打扮，就得因人而異，並注意揚長避短。人瘦不要穿黑衣裳，人胖不要穿白衣裳；腳長的女人一定要穿黑鞋子，腳短的一定要穿白鞋子。方格子的衣裳胖人不能穿，橫格子的衣服胖人穿上，視覺誤差就把胖人更往兩邊裂，顯得更橫寬了。胖子要穿豎條子的，豎條的錯覺讓人顯得長，橫的讓人顯得寬。

服飾要適合年齡和身分

人的衣著服飾同一個人的地位、身分和修養連在一起，為獲得良好的初次印象，穿著上一定要注意與身分、年齡相符。不同的年齡應有不同的穿著打扮。中老年人穿一身深色服裝，透著沉著、穩重、端莊、成熟，而年輕人要也是這身打扮，就顯得老氣橫秋、暮氣沉沉。年輕女性在社交場合穿粉紅色、淺綠色洋裝，讓人感到朝氣蓬勃、甜美可愛，但穿在身材較胖的中老年女士身上就不大適宜。不同的身分也應該有不同的著裝。一個從事演藝的人打扮得時尚一點，人們會覺得比較正常，但一個中學生塗脂抹粉、穿著妖豔就是不合身分的打扮了。因此，我們平時要注意穿著得體、整潔，盡力為自己給人的第一印象加分。

服飾要適合穿著環境

到什麼季節換什麼衣服本是人之常情，但現在在正式場合，更需注意讓著裝適合環境。也許在炎熱的夏天，參加像產品展示會，或者乾脆就是在辦公室，氣溫是有點高，但即使這樣，在這場的場合也得穿上正裝，絕不能穿T恤、短褲一類的便裝。反之，在冬天，你再感覺冷，也不能穿著羽絨大衣一類的外衣在辦公室裡出入，寧可在西服裡多穿一件毛衣。

遵守不同環境著裝的規則，這對女士尤其重要。男士出席各類活動有一套質地上乘的深色西裝或襯衫就足夠了，而女士的著裝則要隨一天時間的變化而變換。出席白天活動時，女士一般可著正裝，而出席晚五點到七點的雞尾酒會就須多加一些修飾，如換一雙高跟鞋，戴上有光澤的佩飾，圍一條漂亮的絲巾。出席晚七點以後的正式晚會等，則可以穿傳統的旗袍類裙裝或晚禮服。

服飾要適合場合

服飾應該與環境協調，穿衣打扮要適合場合，就像不能穿運動裝、休閒裝去參加學術研討會一樣，無論穿戴多麼亮麗，如果不考慮場合，也會被人恥笑。如果大家都穿便裝參加公司新年聚會，你卻穿禮服就欠些妥當。在正式的場合以及參加各種儀式、甚至出國旅遊時，要顧及傳統和習慣，順應各國一般的風俗。去教堂或寺廟等場所，不能穿過露或過短的服裝；而聽音樂會或看芭蕾舞，則應按當地習俗著正裝。國際上穿衣講究TPO，T是時間——Time，P是地點——Place，O是物件——Object，也就是說穿衣打扮要注意場合，分清地點。從時間上說，白天服裝應素雅，晚上服裝則可豔麗。從地點上說，工作場所服裝要正規，非工作場所服裝可以隨便一些。從內容上說，喜慶活動服裝要歡樂一些，哀悼活動服裝要肅穆一些，旅遊服裝要輕便一些，隆重儀式服裝要正規一些。

與人初次交往，一定要注意避免以下一些不恰當的著裝。

- **過分暴露型**：夏天的時候，女孩一定要注重自己的身分，不能因為天氣太熱，而穿起頗為性感的服裝去求職面試或是與人第一次約會，亦或是出現在辦公室，這樣你的才能和智慧便會被埋沒，可能給人留下「花瓶」的印象，甚至還會被看成輕浮。因此，再熱的天氣，也應注意自己儀表的整潔、大方。另外，身體若有缺陷，千萬不可穿過於暴露的衣服。比如瘦骨嶙峋的人，就不宜穿吊帶裙裝；肥臀粗腿的人，則不宜穿短裙。這不是用「骨感」或「性感」吸引人注意，而是讓人有說不出的一種感覺。

- **過分的時尚**：熱愛流行的時裝是很正常的現象，即使不去刻意追求流行，流行也會左右著很多人。但千萬不要盲目的去追求時尚。有個時期國內流行「健美褲」，其實那本是舞蹈演員練功時所穿的服裝，結果一流行起來滿大街都是「健美褲」，什麼羅圈腿、麻稈腿、象腿都套上了，讓人「審美感覺」特別疲勞。一個想要成功的人對於流行的選擇必須有正確的判斷力，同時要切記：在辦公室裡，主要表現工作能力而非趕時髦的能力。
- **過分可愛型**：現在服裝市場上雖然有許多可愛俏麗的款式，但一定要分清場合和環境來穿著。如果第一次應聘、第一天上班就這樣穿，會給人輕浮、不穩重、擔當不起大任的感覺。
- **過分呆板型**：太過呆板、陳舊的服裝往往給人以死板、腦子不活的感覺，很容易讓別人對你有誤解，產生不良印象。

電子書購買

國家圖書館出版品預行編目資料

不用修仙，也能魅力無邊：魅力告急！從內在涵養到外在儀態，讓自信常伴你左右，散發於舉手投足之間 / 李定汝，林凌一編著. -- 第一版. -- 臺北市：崧燁文化事業有限公司, 2022.11
面；　公分
POD 版
ISBN 978-626-332-824-2(平裝)
1.CST: 修身 2.CST: 生活指導
192.1　　111015940

不用修仙，也能魅力無邊：魅力告急！從內在涵養到外在儀態，讓自信常伴你左右，散發於舉手投足之間

臉書

編　　著：李定汝，林凌一
發 行 人：黃振庭
出 版 者：崧燁文化事業有限公司
發 行 者：崧燁文化事業有限公司
E-mail：sonbookservice@gmail.com
粉 絲 頁：https://www.facebook.com/sonbookss/
網　　址：https://sonbook.net/
地　　址：台北市中正區重慶南路一段六十一號八樓 815 室
Rm. 815, 8F., No.61, Sec. 1, Chongqing S. Rd., Zhongzheng Dist., Taipei City 100, Taiwan
電　　話：(02) 2370-3310　　傳　　真：(02) 2388-1990
印　　刷：京峯彩色印刷有限公司（京峰數位）
律師顧問：廣華律師事務所 張珮琦律師

定　　價：375 元
發行日期：2022 年 11 月第一版
◎本書以 POD 印製